Wolfgang Hagemann

Burnout bei Lehrern

Ursachen, Hilfen, Therapien

Verlag C. H. Beck

Mit 2 Abbildungen und 5 Tabellen

Die erste Auflage erschien 2003 als broschierte Ausgabe
im Verlag C. H. Beck.
Für die Beck'sche Reihe wurde der Text vollständig überarbeitet.

1. Auflage (in der Beck'schen Reihe). 2009
© Verlag C. H. Beck oHG, München 2003
Satz: Janß GmbH, Pfungstadt
Druck und Bindung: Druckerei C. H. Beck, Nördlingen
Umschlagentwurf: malsyteufel, willich
Printed in Germany
ISBN 978 3 406 57377 4

www.beck.de

Inhalt

Vorwort   9

1. Einleitung   11

2. Ursachen von Burnout   13
2.1 Belastungen der Lehrer   14
2.2 Leitungsschwächen von Rektoren und Schulleitern   16
2.3 Verlust der Familienfreundlichkeit im Lehrerberuf   17
2.4 Zunehmende Schieflagen in der Entlohnung   18
2.5 Situationsberichte zu schulsystembedingten Ursachen von Burnout   19
2.6 Belastungen in den Bereichen Selbst, Familie, Freundeskreis und Arbeit   22

3. Gewalt an Schulen   23
3.1 Gewalt im Unterricht und in unserer Gesellschaft   23
3.2 Gewalt durch Schüler   24
3.3 Strukturelle Gewalt   32
3.4 Emotionen und Verhalten   34
3.5 Was der Lehrer tun kann   36

4. «Gesundheit durch Bedürfnisbefriedigung»   38
4.1 Herausforderungen und Chancen   38
4.1.1 Schule   39
4.1.2 Schüler   41
4.1.3 Kollegium   45
4.1.4 Klasse   47
4.2 Fragen an das System   48

5. Definition und Diagnostik von Burnout — 51
5.1 Die Symptomatik von Burnout: Störungen im Bereich von Körper, Geist und Seele — 52
5.2 Störungen im psychomentalen und kognitiven Bereich — 55
5.2.1 Störung der emotionalen Kompetenz — 56
5.2.2 Störung der Selbstwirksamkeit — 57
5.2.3 Störung der Selbstachtsamkeit — 57
5.2.4 Störung der Wahrnehmung — 58
5.2.5 Störung der Interaktionen — 60
5.2.6 Störung in der Kommunikation — 60
5.2.7 Verlust von Beziehung als sicherem inneren Ort — 61
5.3 Symptombildung und Persönlichkeitsveränderung — 62
5.4 Vier Phasen der Burnout-Entwicklung — 64
5.5 Gleichzeitigkeit von körperlichen und seelischen Prozessen — 66

6. Mobbing — 70
6.1 Ursachen von Mobbing — 71
6.2 Verlauf von Mobbing — 72
6.3 Die Folgen von Mobbing — 75
6.4 Wie sich Mobbing-Opfer wehren können — 78
6.5 Biopsychosoziale Diagnostik des Mobbing-Opfers — 78
6.6 Behandlung eines Mobbing-Opfers — 81

7. Therapie von Burnout — 88
7.1 Therapieziele: Biopsychosoziale Gesundheit und Lebensfreude — 89
7.2 Therapieverlauf bei einem Burnout-Patienten — 92
7.3 Therapieverlauf bei einem Gewaltopfer — 96

8. Selbstbeurteilungsinventare — 110
8.1 Burnout-Screening-Skalen BOSS I und II — 110
8.1.1 Fragebogen BOSS I — 110
8.1.2 Fragebogen BOSS II — 112
8.2 Fragebogen zur Selbstbeurteilung der emotionalen Kompetenz — 114
8.3 Das Mobbing-Inventar — 116

9.	**Präventionsmaßnahmen**	**119**
9.1	Für den Lehrer	120
9.1.1	Selbstaktualisierung im Team	120
9.1.2	Bessere Selbstfürsorge des Einzelnen	121
9.2	Für das System	123
9.2.1	Weiterbildung in der Wirtschaft	123
9.2.2	Teamplaying statt Einzelkampf zur Stärkung der Autonomie	124
9.3	Für Schulleiter und Rektoren	125
9.4	Anregungen für strukturelle Veränderungen	127
9.5	Appelle an Politiker und Eltern	130
10.	**Forschungsergebnisse zu Entstehung, Ursachen und Verbreitung von Burnout bei Lehrern**	**131**
10.1	Gewalt von Kindern und Jugendlichen	132
10.2	Belastungen am Arbeitsplatz	136
10.3	Stress und Gesundheit von Lehrern	138
10.3.1	Gesundheitliche Belastungen von Lehrern: Gegenwärtige Situation	139
10.3.2	Diagnostische Verfahren und Diagnosen	140
10.3.3	Unterschiede zwischen Lehrern und Nichtlehrern	141
10.3.4	Differenzierung zwischen Burnout und Depression	144
10.4	Intensität der Symptome und spezifische Berufssituation	146
10.5	Schlussfolgerungen zur Verbesserung der Arbeitsbedingungen für Lehrer	148
11.	**Schlusswort**	**150**
	Anmerkungen	**151**

Vorwort

Seit der ersten Auflage sind fünf Jahre vergangen. Infolge von PISA und weiteren Studien, die dem deutschen Schulsystem Mittelmäßigkeit bescheinigen, hat sich vieles verändert. Die Studien haben insbesondere gezeigt, dass soziale Ungerechtigkeiten und Benachteiligungen systemimmanent sind. Die Auswirkungen der Globalisierung machen sich bis in die Klassenräume hinein bemerkbar. Der Lehrer ist oftmals der erste Repräsentant der Berufswelt, der den jungen Menschen gegenübersteht. Tagtäglich muss er auf die emotionale Verunsicherung und die daraus resultierenden Verhaltensauffälligkeiten und -störungen reagieren.

Angesichts der aktuellen Situation an den Schulen und vor dem Hintergrund neuer Studienergebnisse zur Stressbelastung und seelischen Gesundheit von Lehrern wurde dieses Buch fast komplett neu geschrieben.

Nach der Einleitung folgt eine ausführliche Darstellung der Belastungen, denen Lehrer im Berufsalltag ausgesetzt sind, um Ursachen des Burnout-Syndroms herauszuarbeiten. Das Thema Gewalt an der Schule findet besondere Berücksichtigung, um die komplexen Entstehungsursachen und Möglichkeiten der Prävention verständlich zu machen: Negative Auswirkungen der Belastungen können durch gute Voraussetzungen der Selbstaktualisierung im Beruf relativiert werden. Anschließend werden Herausforderungen und Chancen des Systems Schule erläutert. Das folgende Kapitel beinhaltet Definition und Diagnostik von Burnout. Dabei war es mir wichtig, aus klinischer Sicht ausführlich zu beschreiben, inwiefern sich die Störungen auf die pädagogische Kompetenz auswirken. In einem überarbeiteten Kapitel werden Verlauf und Folgen von Mobbing, einer häufigen Ursache von Burnout, dargestellt.

Es folgt ein Kapitel zur Therapie von Burnout bzw. seiner Ursachen mit zwei detaillierten Verlaufsbeschreibungen. Die Möglichkeiten der Musiktherapie als ein Teil des multimodalen Behandlungskonzeptes werden exemplarisch veranschaulicht. Mehrere Selbstbeurteilungsinventare ermöglichen es dem Leser herauszufinden, inwieweit sich Störungen bei ihm selbst abbilden. Im Anschluss werden Präventionsmaßnahmen aufgezeigt, die es ermöglichen sollen, über eine Professionalisierung des pädagogischen Handelns Identifikation und Zufriedenheit mit der Arbeit zu steigern. Im letzten Kapitel werden neue Forschungsergebnisse angeführt, die u. a. nahelegen, dass Reformen und Entscheidungen von den Möglichkeiten und Grenzen des einzelnen Lehrers und der jeweiligen Schule ausgehen sollten. Nur ein gesunder Lehrkörper bringt gute Leistung.

An dieser Stelle möchte ich allen Menschen danken, die sich uns mit ihrem seelischen Leid anvertraut haben. Sie haben zu einem besseren Verständnis der vielfältigen Zusammenhänge, die zu psychischen Überforderungen und Erkrankung beitragen können, verholfen. Es würde mich sehr berühren, wenn es aufgrund der Lektüre dieses Buches dem ein oder anderen Menschen gelänge, neue Hoffnung zu schöpfen und sich auf Menschen einzulassen, die ihm mit Engagement, mit Liebe und hoher Professionalität aus Burnout und Verzweiflung helfen.

Die in diesem Buch zitierten Beispiele sind alle soweit verändert, dass sie sich auf keine tatsächliche Patientengeschichte zurückführen lassen. Sollte dennoch eine Leserin oder ein Leser Ähnlichkeiten zu ihrem bzw. seinem Schicksal feststellen, so ist das lediglich ein Zeichen für die Authentizität des Dargestellten und seine Nähe zur erlebten Wirklichkeit vieler Lehrerinnen und Lehrer. Einzelne haben ihr Einverständnis erklärt, dass ihre Geschichte unverändert wiedergegeben wird. Ihnen gilt mein besonderer Dank.

Danken möchte ich auch dem gesamten Team, das es immer wieder schafft, selbst zutiefst verunsicherten Menschen einen sicheren Beziehungsrahmen als sicheren Ort in unserer Klinik aufzubauen. Ein besonderer Dank gilt Frau Dr. Katja Geuenich, die mit wissenschaftlichen Ergebnissen zu diesem Buch beigetragen und freundlicherweise auch beim Redigieren geholfen hat. Meiner Tochter Anne möchte ich ebenfalls danken, dass sie mir beim Feinschliff zuletzt mit Rat und Tat zur Seite stand.

1. Einleitung

Ein 52-jähriger Lehrer berichtet, dass er sich völlig verausgabt habe. Die ständigen Veränderungen im Bildungswesen hätten ihm in seiner Unterrichtsvorbereitung immer mehr abverlangt, so dass er nachts kaum noch habe abschalten können. Auch habe er zuletzt versucht, die anfallenden Korrekturen nicht nur Samstagmorgen, sondern auch noch am Sonntag zu erledigen. Er habe sich zuletzt immer mehr aus dem Kollegium zurückgezogen und sei auch sehr unwirsch und abweisend geworden, wenn sich Schüler in der Pause mit einem persönlichen Anliegen an ihn wandten. Dieses Vertrauen der Schüler sei ihm jedoch besonders wichtig, gerade deshalb sei er Lehrer geworden. Immer habe er sich über die Maßen für die kleinen und großen Probleme seiner Schüler engagiert und so manches Gespräch mit Eltern geführt, um bei ihnen um Verständnis für eine vorübergehende Leistungsschwäche der Kinder zu werben oder auch um mitzuhelfen, einen häuslichen Konflikt beizulegen.
Als er zu Unrecht von einem Kollegen angegriffen wurde, sei er laut geworden, habe diesen zunächst angebrüllt, um kurz darauf beschämt in Weinen auszubrechen. Er habe das Gefühl, sein Gesicht verloren zu haben.

Der Pädagoge stellt den Menschen in den Mittelpunkt seines beruflichen Selbstverständnisses. Er ist sein Bezugs- und Ausgangspunkt. In einer Zeit zunehmender Komplexität und Unüberschaubarkeit gesellschaftlicher Abläufe wird insbesondere pädagogische Kompetenz gebraucht. Unsichere Zukunftschancen und die Prekarisierung der Arbeitswelt, auseinanderfallende Beziehungssysteme wie Großfamilie und Ehe führen zu Bindungsverlustängsten. Kirchen verschwinden in ihrer Bedeutung, Werte zu vermitteln und das Miteinander der Menschen in den Vordergrund zu rücken, fast ersatzlos. Die Schere zwischen Arm und Reich wird deutlich größer.

Die hohe seelische Berufsbelastung des Lehrers wird überdeutlich, wenn realisiert wird, dass 52 % von 5548 Lehrerinnen und Lehrern in Bayern im Zeitraum von 1996 bis 1999 wegen seelischer und/oder Verhaltensstörungen dienstunfähig wurden.[1] Hirschmann weist pointiert darauf hin, dass die hohe Frühpensionierungsrate in Bayern jährlich 71 000 Erstlehrergehälter kosten.[2] Die Investition des Geldes in die Neueinstellung von Lehrern würde zu einer erheblichen Entlastung aller Lehrer und damit wahrscheinlich zu selteneren krankheitsbedingten Ausfällen führen.

2. Ursachen von Burnout

Burnout ist eine biopsychosoziale Krankheit, deren Ursachen sich nicht isoliert auf die Berufssituation zurückführen lassen. Die biographischen Voraussetzungen sowie das soziale Umfeld des Betroffenen müssen bei der Beurteilung der Symptome miteinbezogen werden.

Vorwiegend erkranken Lehrer an einem Burnout, die oft schon 20 und mehr Dienstjahre hinter sich haben. Häufig haben sie sich über viele Jahre hinweg mit vollem Elan und großer Begeisterung in die Arbeit gestürzt. Eine veränderte Personalsituation in der Schulleitung zum Beispiel oder der Paradigmenwechsel weg von der Prozess-, hin zur Leistungsorientierung sind auf den Arbeitsplatz bezogene Aspekte, die Betroffene immer wieder als Ursache für ihr Burnout benennen. Hinzu kommen die Erfahrung von Gewalt und das Gefühl, damit alleingelassen zu werden, keine Unterstützung im Kollegium und von der Schulleitung zu erhalten, sowie Mobbing, das Gefühl mangelnder Wertschätzung der bisherigen Leistung und der Benachteiligung bei Beförderungsverfahren.

Diese Faktoren können auch bei dienstjüngeren Lehrern schon krankheitsfördernd sein, wenn persönliche Bewältigungsstrategien, die psychomentale Flexibilität, die Energie- und die emotionalen Ressourcen den Belastungen nicht mehr standhalten. Erkrankt ein junger Lehrer, so sind jedoch häufig die eigenen biographischen Anteile weitaus bedeutsamer für die Entwicklung eines Burnout als die Arbeitsbedingungen. Nicht die Dauerüberlastung als solche allein, sondern die hiermit früh getriggerten Kindheitserfahrungen

- von Missachtung eigener Bedürfnisse,
- von Grenzverletzungen in Nähe und Distanz (z. B. durch Gewalt oder emotionale Vernachlässigung),
- von frühzeitiger übermäßiger Unterstützung Angehöriger, weil

nur so oder durch Konfliktvermeidung die Aufmerksamkeit und Zuneigung beispielsweise der Eltern abgesichert werden konnte (Entwicklung eines Helfersyndroms).

Aus diesen Erfahrungen resultiert die Unfähigkeit, sich Menschen anzuvertrauen und um Hilfe und Unterstützung zu bitten, was dynamisch von besonderer Bedeutung ist. Im Folgenden werden die unterschiedlichen Bereiche, die für die Entwicklung eines Burnout ursächlich sein können, dargestellt: Die Voraussetzungen des Arbeitsumfeldes, die familiäre Situation des Betroffenen sowie die gesellschaftliche Anerkennung des Lehrerberufs sind im Bezug auf übermäßige Stressbelastungen zu beachten.

2.1 Belastungen der Lehrer

Hirschmann[3] nennt folgende Belastungen, die von Lehrern als besonders intensiv registriert werden:

- Klima im Kollegium
- Kompetenz der Führungspersonen
- Fehlen von Entlastungsstunden
- Erholungswert der Unterrichtspausen
- Vereinsamung; fehlende Supervision

Die durchschnittliche tägliche Arbeitszeit von 9,25 Stunden stellt hohe physische (Muskulatur, Skelett, Stimme, Kreislauf, Lärm, Klimafaktoren) und psychische (Zeitdruck der Tätigkeit, multiple Reaktionsbereitschaft, Informationsinput/-output, fehlende Erholungszeiten) Belastungen dar, die zum permanenten Disstress-Zustand führen. Belastungen wirken sich besonders intensiv aus, wenn das Privatleben durch häufige Konflikte beeinträchtigt ist und der berufliche Perfektionsanspruch hoch ist, das persönliche Leitbild der Realität wenig entspricht.

Bauer et al.[4] haben eine Rangfolge belastender Arbeitsbedingungen nach der Befragung von 408 Lehrern und Lehrerinnen aufgestellt (die Bewertung erfolgte von 1 = minimale Belastung bis 5 = maximale Belastung):

1. Klassenstärke 4.11
2. Verhalten schwieriger Schüler 4.01
3. Stundenzahl 3.42
4. Koordinierung von beruflichen und privaten
   Verpflichtungen 3.29
5. Außerunterrichtliche Pflichten 3.22
   (z. B. Organisation von Freizeitangeboten)
6. Ausstehende Anerkennung der Abschlüsse 3.16
   (nur zu beantworten, wenn die Anerkennung noch
   aussteht)
7. Neuerung, Veränderung im Schulsystem 3.12
8. Stoffumfang 3.07
9. Administrative Pflichten 3.06
   (verwaltende und kontrollierende «fachfremde»
   Aufgaben)
10. Verteilung der Stunden 2.91
11. Berufliches Image und Prestige 2.77
12. Vertretungsstunden 2.74
13. Fortbildungsveranstaltungen außerhalb der Dienstzeit 2.69
14. Eigener Gesundheitszustand 2.65
15. Ausstattung mit Unterrichtsmaterialien 2.65
16. Baulicher Zustand der Schule 2.46
17. Zusammenarbeit mit Eltern 2.46

Verbesserte Leistungsergebnisse von Schülern und Lehrern sind vor dem Hintergrund dieser Zahlen von Reformen allein nicht zu erwarten. Nicht die Inhalte und die Dauer der Stoffvermittlung werden letztlich die Resultate bestimmen, sondern die Leistungsfähigkeit der Leistungserbringer. Um diese zu steigern und in der Folge PISA-Ergebnisse zu verbessern, ist jenseits aller derzeitigen Reformen noch viel zu tun. Neben der Notwendigkeit weiterer Veränderungen steht zu befürchten, dass selbst die bislang realisierten Reformen wenige Chancen haben, erfolgreich umgesetzt zu werden, weil die Voraussetzungen hierfür fehlen.

2.2 Leitungsschwächen von Rektoren und Schulleitern

Die Tätigkeit des Rektors einer Schule mit mehr als hundert Lehrern und über tausend Schülern kann sich jederzeit an der Verantwortung eines höheren Managers messen. Jedoch sind die Vorbereitung und berufsbegleitenden Weiterbildungen eher darauf konzentriert, neue administrative Vorgaben kennen zu lernen, statt Führungsqualitäten zu schulen. Ausgeprägte Kommunikations- und Konfliktfähigkeiten sowie Diskussionsbereitschaft sind unbedingte Voraussetzungen, um Erlasse optimal in der eigenen Schule umzusetzen. Hierzu ist es erforderlich, das gesamte Kollegium von der Verbesserung, die mit der vorgegebenen Veränderung einhergehen soll, zu überzeugen. Denn die Kollegen müssen ihrerseits die ministeriellen Beschlüsse den Schülern und Eltern gegenüber vertreten. Schulleiter und Rektoren haben auf Unmut und Frust der Lehrer zu reagieren, die nicht leicht davon zu überzeugen sind, dass eine Reform auch tatsächlich eine Verbesserung bedeutet.

Häufig kommen insbesondere ältere Lehrerinnen und Lehrer nach einem Schulleiterwechsel in die Behandlung. Nach oftmals zwanzig und mehr Jahren unter der Führung eines akzeptierten und leitungserfahrenen Rektors fühlen sie sich von dem Nachfolger oder der Nachfolgerin nicht mehr angenommen. Sie glauben, in ihren Bedenken gegen Entscheidungen nicht verstanden und berücksichtigt zu werden, sind einerseits überfordert von zusätzlichen Aufgaben und andererseits in ihren Fähigkeiten und Neigungen nicht gefördert. In der Auseinandersetzung mit schwierigen Schülern und Eltern fühlen sie sich alleingelassen. Heute kommen noch der didaktische Paradigmenwechsel sowie eine Vielzahl administrativer Aufgaben hinzu, die neue Schulleiter selbstverständlich von den Kollegen einfordern. Es erscheint vielen so, dass die neuen Leitungspersönlichkeiten auf die Erfüllung ihrer administrativen Aufgaben, nicht jedoch auf Führungsaufgaben im Kollegium vorbereitet sind. Dies bestätigt die Behandlung von mehreren Schulleitern und -rektoren, die drei bis fünf Jahre nach Amtsantritt ausgebrannt waren.

Sie beschreiben sich durchweg als hoch ambitioniert und engagiert, waren mit klaren Vorstellungen in die Leitungsposition gegangen. Ihre Konzepte schienen innerhalb der aktuell gültigen Vorgaben der Schulbehörde realisierbar. Im Kollegium fanden sie jedoch keine Anerkennung. Sie fühlten sich missverstanden, zerrieben zwischen dem, was aus ihrer Sicht richtig war und dem Widerstand insbesondere der etablierten älteren Kollegen sowie den Interessen von durchaus kooperierenden Eltern, die jedoch auch ihre eigenen Vorstellungen umgesetzt wissen wollten. So scheiterten «richtige» Konzepte in der Umsetzung. Dies kränkte die Schulleiter, was zu einer völligen Verausgabung aus Angst vor dem Versagen führte.

2.3 Verlust der Familienfreundlichkeit im Lehrerberuf

Früher galt der Lehrerberuf als besonders familienfreundlich. Mit Rücksicht auf zu versorgende Kinder oder auch Angehörige wurde Zeit für Unterrichtsvor- und -nachbereitung oft in den Abend und auf das Wochenende gelegt. Ermöglicht wurde dies auch durch das Arbeitszimmer zu Hause, quasi das Büro des Lehrers, was für den Staat eine nicht unerhebliche Kostenersparnis bedeutet. Heute müssen Lehrer infolge einer Vielzahl von Konferenzen, zunehmend in den Nachmittag hineinreichendem Unterricht sowie der Einrichtung von Ganztagsschulen in der Schule präsent sein. Gleichzeitig sind hier nur in den seltensten Fällen «Studierzimmer» für die Lehrer vorhanden. Sie arbeiten daher im Lehrerzimmer, wo sie häufig gestört werden, es durchweg sehr laut ist und sie jederzeit zu Ersatzunterricht, wenn ein Kollege plötzlich ausgefallen ist, aufgefordert werden können. Komplexere Vor- und Nachbereitungen oder gar Eigenstudium werden nicht zuletzt wegen dieses Missstandes nach wie vor zu Hause erledigt, dann jedoch zwangsläufig am späten Abend. Insbesondere alleinerziehende Lehrerinnen leiden hierunter und fühlen sich gestresst. Auch wenn Lehrer Pflegeverantwortung für Angehörige übernehmen, erfahren sie von Seiten der Schulleitung nicht immer die gewünschte Rücksicht und Entpflichtung von Zusatzaufgaben, die sie einmal freiwillig übernommen haben. Das folgende Beispiel zeigt die starken Belastungen in unterschiedlichen Lebensbereichen, denen ein Lehrer ausgesetzt sein kann: Ein 59-jähriger Lehrer kümmert sich seit mehreren Jahren intensiv um die Versorgung seiner 84-jährigen, an Demenz erkrankten Mutter zu Hause. Dafür fährt er nötigenfalls mehrmals in der Woche über hundert Kilometer hin und zurück. Er ist seiner Mutter für die intensive Fürsorge, die er von ihr erfahren hat, nachdem der Vater früh die Familie verlassen hatte, unendlich dankbar. Es käme ihm nie in den Sinn, sie in einem Altenheim unterzubringen. Mit gleicher Aufopferungsbereitschaft kümmert er sich als Physiklehrer um seine Schüler und hängt viele Stunden an seinen Unterricht an, wenn es für die Schüler wichtig ist. Da er kaum Unterstützung in seinem Fach hat, weil keine anderen Lehrer zur Verfügung stehen, ist er maximal mit Unterrichtsvor- und -nachbereitung ausgelastet. Seine Frau hat ihm schon die Scheidung angedroht, wenn er nicht bald etwas ändert. Es fehlt ihm die Durchsetzungskraft, Entlastung von seinem Vorgesetzten zu fordern.

Anhand des Beispiels wird offensichtlich, dass der Lehrerberuf in der heutigen Zeit stark an Familienfreundlichkeit verloren hat.

2.4 Zunehmende Schieflagen in der Entlohnung

Mancher hat sich nach dem Prinzip Lebensqualität statt Lebensstandard für den Lehrerberuf entschieden. Dieser Ausgleich steht heute infrage: Ist die Lebensqualität nicht mehr in ausreichendem Maße gewährleistet, wird der fehlende Lebensstandard vermisst. Daneben führen reale Einkommensverschlechterungen zunehmend zu einer *Effort-Reward-Imbalance*. Konnten Lehrer früher davon ausgehen, dass ihre Beihilfe alle Gesundheitsleistungen anteilig übernahm und der Rest von einer privaten Versicherung abgedeckt war, zieht sich die Beihilfe nun zunehmend zurück, ihre Leistungen orientiert sie mittlerweile an dem Krankenkassenmodell, Zuzahlungen zu Brillengestellen und Hörgeräten beispielsweise sind immer häufiger von den Beihilfe-Berechtigten selbst zu übernehmen. Früher konnten sich Lehrer in Privatkliniken behandeln lassen, heute müssen sie Zuzahlungen leisten und in eine gewünschte Behandlung investieren. Insbesondere Väter und Mütter, die zu 70 % beihilfeberechtigt sind, sind von diesen Veränderungen betroffen. Die Differenz kann durch eine Zusatzversicherung vergleichsweise günstig ausgeglichen werden.

Der sichere Arbeitsplatz eines Beamten hat ein geringeres Gehalt zur Folge. Doch nun wird selbst die Pension nicht mehr einer Witwe oder einem Witwer ausgezahlt, wenn diese oder dieser selbst Gehalt bezieht. Hätte der oder die Verstorbene das Geld, das der Staat für die Pension zurückgehalten hat, in eine private Altersversorgung investiert, wäre diese nach dem Tode ausgezahlt worden. Damit tun sich durch die Veränderungen, mit denen der Staat zunächst Geld einspart, Lücken in der Bedürfnisbefriedigung auf, die alles andere als motivationsfördernd sind und den Vorteil der Arbeitsplatzsicherheit aufzuwiegen drohen.

Es erfordert noch große Anstrengungen, um das sich abzeichnende Ungleichgewicht zwischen Aufwand und Entlohnung neu auszubalancieren. Ansteigende Frühpensionierungsraten von über 50 % bei Lehrern mit den daraus resultierenden steigenden Kosten für die Pensionskasse dürfen nicht nur unter dem Gesichtspunkt der kurzfristigen Kostenersparnis betrachtet werden. Soll erreicht werden, dass künftig weniger als die Hälfte (52 %) wegen psychiatrischer und psychosomatischer Diagnosen vorzeitig in Pension gehen,[5] dann sind *Mental-health*-Programme unverzichtbar. Nur wenn der Staat hier investiert, darf er eine positive Kosten-Nutzen-Rechnung erwarten.

2.5 Situationsberichte zu schulsystembedingten Ursachen von Burnout

Die Politik sucht nach der Quadratur des Kreises, so scheint es: Spitzenleistungen der Schüler sollen unter Einsparung von möglichst viel Geld von immer weniger Lehrern ermöglicht werden. Dieser Mangel geht bis hinein in die Schulleitungsebene. Annika Joeres[6] schreibt:

Im bevölkerungsreichsten Bundesland sind den Bezirksregierungen zufolge an 250 Grundschulen und 40 Hauptschulen die Rektorenstellen unbesetzt. Das NRW-Schulministerium nennt fehlende Kandidaten als Ursache. Es seien zuwenig Pädagogen bereit, den Leistungsjob zu übernehmen.

Die Autorin beschreibt die Situation von Hans-Jürgen Watty, der sich bereit erklärte, Rektor an zwei Grundschulen zu sein.

Er hat doppelte Elternabende, muss doppelt so viele Stundenpläne austüfteln, doppelt so viele Bücher bestellen, Schulausflüge genehmigen und Fragen von Eltern und Kollegen beantworten. «Nach ein paar Wochen war ich kurz davor aufzuhören», sagt Watty. «Ich dachte: das schwappt alles über mir zusammen.» Eine Kollegin, die ebenfalls zwei Schulen leitet, erlitt einen Kreislaufzusammenbruch. «Die Folgen des Leitermangels sind fatal», sagt Joachim Erwin, Oberbürgermeister von Düsseldorf. «Der Job ist unattraktiv», sagt Gitta Franke-Zöllmer, Landesvorsitzende des Verbandes Bildung und Erziehung in Niedersachsen. Nach PISA sei den Schulen eine Fülle neuer Aufgaben zugeschanzt worden. «Die Leiter sind in eine Rolle gedrängt worden, zu der sie nie ausgebildet wurden, und die ihnen unglaublich viel abverlangt», so Franke-Zöllmer.

Karl-Heinz Kießler, Konrektor, Leiter einer Hauptschule in Düsseldorf, wird zitiert:

«Ich arbeite für zwei – das ist für das Land natürlich billiger. ... Ich bin hier allein an der Spitze. ... Vor 18 Uhr komme ich nie nach Haus. ... Das ist ein absoluter Stressjob. Früher haben wir Unterricht gemacht und in der Pause ein Brötchen gegessen. Die Zeiten sind vorbei.» Er gibt zusätzlich noch 16 Wochenunterrichtsstunden.

In ihrer Not greift die Regierung schon mal auf ambitionierte junge Lehrer zurück.

> Eine 29-jährige hoch engagierte Grundschullehrerin übernahm die Schulleitung, weil sich sonst niemand fand, der diese Aufgabe hätte erfüllen können. Fünf Jahre später merkte sie während einer Mutterschaftspause, wie viel Selbstachtsamkeit durch ihr berufliches Überengagement verloren gegangen war. Der Versuch eines frühen Wiedereinstiegs in den Beruf – aus Verantwortung für die Schule, weil sich keine Vertretung für sie während ihrer Abwesenheit gefunden hatte – scheiterte. Es war ihr offensichtlich nicht gelungen, das Kollegium soweit auf

ihre Linie einzuschwören, dass es ohne ihre Leitung in ihrem Sinne fortgefahren wäre. Infolge eines tief greifenden Erschöpfungszustandes musste sie für mehrere Wochen klinisch behandelt werde. Sie reflektierte intensiv ihre eigenen Bedürfnisse unter den neuen Bedingungen als Ehefrau und Mutter und suchte nach konstruktiven Lösungen für eine gelingende Work-Life-Family-Balance. Sie entschied sich dafür, nach der Behandlung die Zeit ihres Mutterschaftsurlaubs zu verlängern und sich in der Zwischenzeit zu überlegen, ob sie jemals in die alte Position zurückkehren würde. Zurzeit sieht sie eher eine Unvereinbarkeit von zeitraubender Leitungsfunktion und Familienleben.

Joeres interviewte auch den Psychologen Uwe Kanning, der herausfand, dass Lehramtsstudenten nur in verschwindend geringem Maße davon ausgehen, einmal Schulleiter zu werden. «Nur wenige haben das im Hinterkopf. Sie wollen jungen Menschen etwas mitgeben, sie in der persönlichen Entwicklung beeinflussen.» Dahingegen würden sich Medizinstudenten viel eher mit dem Gedanken anfreunden, einmal Chefarzt werden zu wollen. «Denn als Chefarzt können sie sich eine goldene Nase verdienen. Schulleiter aber haben einen riesigen Bürokratieaufwand und werden finanziell nicht honoriert.» Dabei sei nicht das Geld entscheidend. «Es geht weniger um ein paar hundert mehr. Eine zusätzliche Honorierung dokumentiert auch, dass mein Arbeitgeber, in dem Fall der Staat, meine Arbeit wertschätzt, dass er sie ernst und wichtig nimmt. Die zweihundert Euro, die Schulleiter extra erhalten, sind eine Unverschämtheit.» Kanning bemängelt neben einer fehlenden Planung für die zu erwartende Neubesetzung von Leitungspositionen die unzureichende Vorbereitung der künftigen Schulleiter auf ihre Führungsaufgabe. «Und ein Kollegium an einer Schule zu führen ist besonders schwierig: Lehrer sind es aus ihrem Alltag gewohnt, selbst Anweisungen zu geben.»

Ein Bekannter aus meiner Schulzeit berichtete mir, dass für ihn das hohe Ansehen in der Elternschaft und der Gesellschaft allgemein, das er als Schuldirektor genießt, sehr viel Befriedigung bedeutet. Dieses wie auch ein höheres Gehalt würden jedoch Schulleitern aus Grund- und Hauptschule fehlen.

2.6 Belastungen in den Bereichen Selbst, Familie, Freundeskreis und Arbeit

Es ist zu betonen, dass erst Belastungen in allen vier Lebenskontexten zu einem Burnout führen. Unsere Burnout-Fragebögen (s. S. 110 ff.) erfassen die Auswirkungen beruflicher Überforderungen auf das Privatleben in Familie und Freundeskreis. Dabei lässt sich nicht eruieren, ob es die privaten Belastungen sind, die den beruflichen Stress unerträglich machen oder umgekehrt die berufliche Überforderung zu vermehrten Spannungen im privaten Bereich führt. Aus der klinischen Erfahrung heraus ist hier nicht unbedingt eine Entscheidung zu treffen. Jedenfalls scheint ein Übermaß an Belastung beruflich und/oder privat die Konflikthäufigkeit zu fördern und zum Burnout beizutragen. Die Gefahr eines Burnout ist nach dem Diathese-Stress-Modell besonders groß, «wenn einerseits eine Person starken Stressoren ausgesetzt ist und sie andererseits eine hohe spezifische Krankheitsanfälligkeit (Diathese) besitzt».[7]

Sowohl bei präventiven als auch bei therapeutischen Interventionen müssen daher die Auswirkungen in allen Bereichen: eigene Konstitution, Familie, Freundeskreis und Arbeitswelt erfasst und berücksichtigt werden.

3. Gewalt an Schulen

Eine besondere Herausforderung stellt heute die zunehmende Gewalt in Schulen an unsere Gesellschaft und insbesondere an das Lehrpersonal. Im Folgenden wird das Spannungsfeld herausgearbeitet, in dem Lehrer sich zum einen mit dem System identifizieren und es vertreten müssen, und Schüler zum anderen Grenzen unter pädagogischer Anleitung ausloten sollen. Ziel ist es, junge Menschen zu Bürgern unserer demokratischen Gesellschaft heranreifen zu lassen.

3.1 Gewalt im Unterricht und in unserer Gesellschaft

Im April 2002 tötete in Erfurt ein 19-jähriger Schüler, der von der Schule verwiesen worden war, aus Rache oder welchen Motiven auch immer 14 Lehrer, zwei Mitarbeiter der Verwaltung und anschließend sich selbst. Es ist unsere unbedingte Pflicht und Verantwortung, nicht einfach zur Tagesordnung überzugehen, nachdem sich der Täter selbst gerichtet hat. Eine sehr differenzierte Auseinandersetzung ist notwendig, Schuldzuweisungen sind wenig hilfreich. Es gilt, Zusammenhänge zu erkennen, die nur teilweise im Einflussbereich des Lehrers liegen, und auch nicht nur in der Familie des Täters, sondern die gesamtgesellschaftliche Verantwortung betreffen und damit jeden Einzelnen.

Angesichts der vielschichtigen Präsenz von Gewalt in der Gesellschaft ist nicht zu erwarten, dass Schule eine Zone des gewaltfreien Umgangs miteinander sein kann. Kinder und Jugendliche probieren Macht aus, suchen die Grenzen der Gewalt und verhalten sich dabei wie ihre Vorbilder zu Hause. Wer dort Gewalt erfährt, wird diese unter seinesgleichen wie selbstverständlich auch ausüben. Heranwachsende können sich aber auch gerade konträr zu den eigenen Erfahrungen verhalten, um sich abzugrenzen. Es gibt keine einfachen Antworten auf Gewalt. Doch es gibt die Pflicht, die komplexen Zusammenhänge zu erfassen und Handlungsalternativen zu entwickeln.

3.2 Gewalt durch Schüler

Frau M., 52 Jahre, berichtet, dass sie von der Mutter eines Schülers in der Klasse vor allen Kindern ins Gesicht geschlagen wurde. Der Junge hatte andere Schüler bedroht, und sie hatte ihn deswegen gemaßregelt. Als sie sich daraufhin an den Rektor wandte, spielte dieser das Fehlverhalten des Schülers als dummen Jungenstreich herunter. Die Familie des Schülers, so seine weitere Begründung, gehöre einer gesellschaftlichen Minderheitengruppe an. Die Presse könnte unter Umständen rassistische Ressentiments unterstellen, wenn die Schule in diesem Fall Anzeige erstatten würde. Außerdem sei die Mutter des Schülers als eine sehr renitente Person bekannt, und es würde zu weiteren Unannehmlichkeiten kommen, falls man interveniere. Aus diesem Grunde habe der Rektor nichts unternommen. Hiervon fühlte sich die Lehrerin brüskiert. Aufgrund dieser und anderer Erfahrungen in mehreren ähnlichen Situationen, in denen sie sich ausgeliefert und ungeschützt fühlte, suchte sie therapeutische Hilfe.

Herr R., 54 Jahre, beschreibt, dass zweimal seine Autoreifen zerstochen worden seien. Hiermit müsse er fast schon rechnen.

Frau K., 49 Jahre, war ein 12-jähriger Junge von hinten um den Hals gefallen. Dies war scheinbar nur das Spiel eines präpubertierenden Jungen gewesen, sie fühlte sich jedoch durch dieses distanzlose Verhalten massiv in Angst versetzt und bedroht.

Die Mutter, selbst Lehrerin, einer 19-jährigen Patientin beschreibt, dass ihre Tochter jahrelang in der Schule gemobbt wurde und deswegen eine Angststörung entwickelt habe. Erst nach einem Schulwechsel sei es möglich geworden, dass sie einen erfolgreichen Schulabschluss erlangte.

Es gibt keine Rechtfertigung für Schüler oder irgendjemand anderen, Gewalt auszuüben. Selbst der Staat hat hierzu nur im Rahmen der gültigen Gesetze das Recht. Wir müssen uns bemühen, die Bedingungen zu verstehen, die Gewaltbereitschaft fördern, um präventiv handeln zu können. Kommt es erst einmal zu einem Gewaltausbruch, so ist es hierfür zu spät. Es ist fatal, die Augen vor der Realität der Gewalt zu verschließen.

Die zunehmende Armut und soziale Unsicherheit führen zu vermehrten Spannungen im Elternhaus. Das Erleben von häuslicher Gewalt, mangelnde emotionale Zuwendung und unzureichende Achtsamkeit seitens der Eltern fördern gewalttätiges Verhalten von Schülern: Wer geschlagen wird, der schlägt eines Tages zurück. Die Angst vor einer unsicheren Zukunft infolge der allgemeinen Prekarisierung in der Arbeitswelt sowie fehlende sichere berufliche Perspektiven werden durch die Medien noch geschürt. Die hohe Rate von Langzeitarbeitslosen in Deutschland und die hiermit verbundene Hoffnungslosigkeit weckt Gefühle der Unterlegenheit, des Ausgeliefertseins. Jungen und Mädchen möchten stolz auf ihre Väter und Mütter sein. Unter Umständen glauben sie immer bereitwilliger zuschlagen zu müssen, um dem Gefühl der Ohnmacht zu entrinnen.

Diesen gesellschaftlichen Phänomenen kann die Schule nicht unmittelbar beggnen. Sie ist ihnen hilflos ausgeliefert, wenn Lehrern nicht die Möglichkeit gegeben wird, den Heranwachsenden, die zu Hause unter schwierigen psychosozialen Bedingungen leben, in der Schule einen verlässlichen und stabilen Beziehungsrahmen zu bieten. Große Klassen überfordern denjenigen mehr, der auch schon zu Hause erfährt, dass er angesichts einer Überfülle von Problemen nicht genügend wahrgenommen wird. Dies gilt sicherlich auch für Kinder stark leistungsorientierter und erfolgreicher Eltern. Diese können jedoch durch größere finanzielle Ressourcen besser kompensieren. Soziale Statussymbole wie das richtige Label auf der Kleidung, das neueste Handy, der schnellste

Computer etc. können Unterlegenheitsgefühle reduzieren. Die Zahlen beweisen, dass dies nicht ausreicht und die allgemeine Verunsicherung längst auch die Gymnasien erreicht hat.

Ein hohes Maß an Achtsamkeit und intensiver Betreuung in der Schule helfen, sozial akzeptiertes Verhalten zu erlernen. Voraussetzung ist jedoch eine entsprechende personelle Ausstattung der Schule.

Häufig berichten Lehrerinnen und Lehrer in therapeutischen Gesprächen von dem Gefühl der Ohnmacht und des fehlenden Rückhalts, wenn sie im schulischen Alltag mit Gewalt und Aggression konfrontiert wurden. Damit ist nicht in Abrede gestellt, dass in vielen Fällen auch der notwendige Rückhalt geboten wird, doch zeigen die Interviews mit Patienten, dass Gewalterleben und Erkrankung in einem Zusammenhang stehen.

Lehrer sind in ihrem Schulalltag einer Vielzahl von ganz konkreten verbalen und körperlichen Aggressionen und Gewalt ausgesetzt, die zu seelischer Erkrankung beitragen können. Im Anschluss an die Morde von Erfurt, interviewte Knut Vetten von der «de facto Medienagentur Leipzig» im Auftrag des Mitteldeutschen Rundfunks zwei Lehrerinnen und einen Lehrer zu ihrer Erfahrung von Gewalt in der Schule, die hier in Auszügen wiedergeben werden sollen:

Erstes Interview

Interviewer: Was ist die Ursache, dass Sie hier in der Klinik sind? Was mussten Sie im Schulalltag erleben?

Lehrerin: Ich bin schon sehr lange Lehrerin und habe das auch eigentlich mit sehr viel Emotionen gemacht. Ich hatte auch immer Vertrauen in meine Schüler, und dadurch konnte ich das auch so lange machen, obwohl halt sehr viel Gewalt und Aggressionen in den jungen Menschen drinstecken. Ich erhielt von einem Schüler, den ich eigentlich gar nicht so gut kannte, Morddrohungen, weil ich ihn wegen eines Fehlverhaltens zum Klassenlehrer geschickt habe. Diese Morddrohungen wurden immer wieder wiederholt, und das hat mich in Panik versetzt. Ich habe nicht mehr schlafen können und habe alles versucht, irgendwo Hilfe zu finden, habe aber nicht sehr viel Hilfe bekommen. Es hieß, ich müsse den Schüler weiter unterrichten, ob der Morddrohungen macht oder was auch immer. Jeder Schüler hat das Recht auf Unterricht. Und da habe ich mich gefragt: Wo bleibt mein Recht, wo bleibt jetzt meine Person? Wo bleibe ich mit meinen Ängsten und mit meinen Gefühlen? Es sind ja schon Morde passiert. 1999, als ein Rektor ermordet wurde, das hat mich auch sehr aufgewühlt. Es war auch bekannt, dass dieser Schüler schon mehrfach Lehrer angegriffen hatte. Ich musste ihn also weiter unterrichten. Am Ende der Stunde stand ich am Pult, und er schlich hinter mir her und stach mir mit der flachen Hand so mit Wucht in den Rücken. Ich hatte im Moment wirklich angenommen, das war ein Messer. Ich wusste das nicht so richtig, und man hatte dem Jungen auch zwei Tage vorher ein Messer abgenommen, so dass ich richtig geschockt war. Ich war zwar nicht verletzt, aber diese Ängste waren eben einfach, sind einfach da.

Dass die Lehrerin angesichts der Morddrohungen trotz ihrer an verschiedener Stelle geäußerten Ängste keine Hilfe von außen erhielt, ist schlimm. Noch gravierender jedoch erscheint mir, dass ihr vom Schulleiter abverlangt wurde, den Schüler weiter zu unterrichten, ohne dass er sie explizit gegen den Schüler in Schutz genommen hätte. Auch vom Lehrerkollegium wurde sie offensichtlich im Stich gelassen. Sie konnte in dieser Situation die Schule für sich selbst nicht mehr als sicheren Ort erleben.

Interviewer: Wie lange haben Sie als Lehrerin gearbeitet?
Lehrerin: 25 Jahre dieses Jahr. Und das ist eine Dimension der Gewalt, die ist mir Gott sei Dank bisher noch nicht passiert. Es sind zwar verbale Attacken gewesen, die häufig vorkommen, aber irgendwo hatte ich immer das Gefühl, ich komme gut mit den Schülern zurecht. Ich habe ein sehr emotionales Verhältnis zu vielen gehabt, habe mehrere Schicksale begleitet. Ich habe auch immer den Menschen dahinter gesehen. Ich war unheimlich schockiert darüber, dass mir das passiert. Da dachte ich: Wenn ich Angst habe vor meinen Schü-

> lern, dann bin ich nicht mehr frei. Das hat mich sehr belastet. Ich bin dann immer kränker geworden, dauernd ging es mit mir so bergab. Dann bin ich auf die Idee gekommen, hier in die Klinik zu gehen, um Hilfe zu suchen, mit diesem Erlebnis fertig zu werden.

Einer Situation hilflos ausgesetzt zu sein und keinen Ausweg zu erkennen ist gerade für sehr interaktionell aktive Lehrer unerträglich. Erfahren sie zudem sozial und emotional wenig Unterstützung im Kollegium, kann dies zum völligen nervlichen Zusammenbruch beitragen.

In dem Gespräch kommt noch eine zweite Ebene der Gewalt zum Ausdruck, die nicht ungenannt bleiben soll.

> *Interviewer:* Diese Debatten, die auch von Politikern mit angestoßen werden ... Wenn da geäußert wird, dass die Lehrer eigentlich gar nicht so viel arbeiten müssen wie andere, was geht Ihnen da durch den Kopf?
>
> *Lehrerin:* Ich sitze nicht nur am Schreibtisch und habe einen Griffel in der Hand, sondern ich setze mich für meine Schüler ein, ich bin für die ansprechbar, ich bin mit ganzem Herzen und Gefühl dabei und werde dann so verrissen als Faulenzer, als Ausruher der Gesellschaft. Dann brauche ich mich nicht zu wundern, dass Lehrer angreifbar werden. Wenn ich nur daran denke, dass Eltern in die Schule kommen und Lehrer beschimpfen.

So mancher auch hochrangige Politiker verletzt seine Mitverantwortung im pädagogischen System, wenn er Lehrer als Berufsgruppe diskreditiert. Die Schüler werden durch solche Äußerungen geradezu ermuntert, ihre Grenzen aggressiv auszuloten.

> *Interviewer:* Das ist schon passiert?
>
> *Lehrerin:* Ja, vor den Kindern! Dann wundert mich gar nichts mehr.
>
> *Interviewer:* Sie sind vor den Kindern, die sie dann unterrichten müssen, von den Eltern dieser Kinder beschimpft worden?

> *Lehrerin:* Ja, weil ich eine Maßnahme ergriffen habe, die dem Vater nicht passte. Wenn ich das dann genau erzähle, weiß jeder, worum es geht. Es war eigentlich eine harmlose Sache. Ich wollte den Jungen mit der linken Hand schreiben lassen, weil die rechte gebrochen war und er schon seit Wochen dasaß und den Unterricht störte und gar nichts mehr gemacht hat. Und weil natürlich auch ein Leistungsabfall zu erwarten war, wenn jemand abschaltet. Da wollte ich, dass das Kind mit links schreibt oder es mir diktiert. Und darüber hat der Vater sich so aufgeregt, dass er mich wüst beschimpft hat vor einer Kollegin. Da bin ich auch in unserem Kollegium kein Einzelfall. Dass Eltern vor der Klasse, vor ihren Kindern, da in keiner Weise uns Lehrern den Rücken stärken und aus den Kindern und uns wieder eine Gemeinschaft machen. Ich meine, ich kann nicht sechs Stunden ein Kind erziehen und die restliche Zeit wird dagegengearbeitet. Dann möchte ich mich lieber mit den Eltern zusammensetzen. Dann möchte ich mit denen reden. Dann mache ich Hausbesuche.

In der nächsten Sequenz wird die mangelnde pädagogische Zusammenarbeit mit Eltern angesprochen. Es gibt den Schülern ein schlechtes Beispiel für eine gemeinsam getragene Verantwortung und Kooperation, wenn diese ihre pädagogische Mitverantwortung einseitig delegieren und sich selbst derselben entziehen

Können die Folgen dieser vielschichtigen Insuffizienzen nur noch in der klinischen Therapie behoben werden, sinkt die Möglichkeit der betroffenen Lehrer, auf die Schule als einem auch für sie sicheren Ort zu vertrauen.

Die Ausübung physischer Gewalt ist in einer Schule für lernbehinderte und schwererziehbare Schüler besonders hoch, wie ein Lehrer in einem weiteren Interview beschrieb. Aus seiner Sicht trug die Häufung von Aggressions- und Gewalterfahrung erheblich dazu bei, dass er psychosomatisch krank wurde.

> *Lehrer:* Gegen mich habe ich viele Verbalattacken erlebt von: du Arschloch über Wichser und ich weiß nicht, was noch

> alles. Oder Androhungen: Wir begegnen uns noch ein anderes Mal, dann werden wir weitersehen, bis zu: Ein Schüler steht vor mir, Nase an Nasenspitze, und droht mir an, mich zusammenzuschlagen.
>
> *Interviewer:* Wie haben Sie reagiert?
>
> *Lehrer:* Ich bin ganz ruhig geblieben, habe ihn auch nicht direkt angesehen, sondern weggeguckt und bin ein bisschen zurückgegangen, und die Situation entschärfte sich dann. Ich habe das im Kollegium auch erzählt, ja, ich musste es einfach loswerden. Aber ich bin mit diesem Erlebnis noch Tage und Wochen herumgelaufen. Zumal ich nachher erfuhr, dass dieser Schüler in einer anderen Situation während einer Gerichtsverhandlung den Richter krankenhausreif geschlagen hatte. Dies wusste ich zum Glück vorher nicht, so dass ich an diese Situation erst mal unvoreingenommen herangehen konnte. Ich glaube, dass mir das auch ganz viel geholfen hat, die Situation zu entschärfen.

Die dauernde Anforderung, auf aggressives Verhalten besonnen zu reagieren, kann trotz der Unterstützung durch Kollegen den Einzelnen überfordern.

> *Interviewer:* Wo ist bei Ihnen der Knackpunkt gewesen, dass Sie gesagt haben, das hältst du nicht mehr aus?
>
> *Lehrer:* Ich glaube, dass ich sehr sensibel dafür bin, wie groß die Belastungssituation für mich ist und wo ich für mich einen Schlussstrich ziehen muss. Es hat bei mir starke Magenprobleme gegeben, die immer wieder auftraten, nicht jeden Tag, aber immer wieder. Dass sich so in den letzten zwei Jahren eine ganz große Müdigkeit bei mir einstellte, die dazu führte, dass ich trotz sechs Wochen Sommerferien, über die jeder berechtigt sagt, da muss ja Erholung möglich sein, so nach zwei Wochen schon das Gefühl hatte, ich kann nicht mehr, ich bin ferienreif. Der ausschlaggebende Punkt für mich war damals, als ich ins Lehrerzimmer rein kam und massive Probleme mit den Schülern hatte ... und nur noch sagen konnte: Was sind das für Drecksäcke! und dann ge-

> weint habe. Mir wurde dann aber auch deutlich, jetzt ist ein Punkt für mich erreicht, an dem ich den Schülern und mir nicht mehr gerecht werden kann. Das ... hat auch sicherlich mit meiner Biographie zu tun, und da möchte ich einfach gefestigter sein, um dann auch den Schülern wieder in einer Weise entgegentreten zu können, die es ihnen und mir leichter macht.

Der Lehrer schildert eindrucksvoll und sehr reflektiert, dass er durch die Dauerbelastung nicht mehr trennen konnte zwischen dem, was er aktuell erlebt, und dem, was er in der eigenen Geschichte erfahren hat. Oft haben Lehrer mit hoher interaktioneller Kompetenz und damit Sensitivität und Empathie für die Aggressionen Heranwachsender in der eigenen Lebensgeschichte Gewalt erfahren. Ein wichtiger Motor für ihre Entscheidung, Lehrer zu werden, liegt in dem Anspruch, dass es die Kinder, für die sie Verantwortung übernehmen, besser haben sollen als sie selbst. Es kann auch sein, dass der Lehrer ein Ausmaß an Gewalt in der Kindheit erfahren hat, dass das, was Schüler an Aggressivität zeigen, von ihm als vergleichsweise harmlos eingestuft wird. Menschen wie er haben gelernt, sich innerlich gegen äußere Gewalt zu schützen. Bricht durch Beziehungskonflikte oder belastende Lebensumbrüche die seelische Balance auseinander, werden sie plötzlich so verletzlich, dass sie der Therapie bedürfen.

Alle Subsysteme im pädagogischen Systemkreis: Lehrerkollegium, Eltern, Schüler, Gesellschaft etc. tragen zu einer angemessenen Reaktion auf Gewalt und Aggression bei. Eine einseitige Delegation von Verantwortung an nur ein Subsystem überfordert dieses schnell. Alle Beteiligten sind aufgefordert, sich immer wieder neu die Frage zu stellen, wie präventiv die Entwicklung von Gewalt vermieden werden kann, welche Mittel, welche fachlichen und personellen Voraussetzungen geschaffen werden müssen. Dass nach einem Geschehen wie in Erfurt plötzlich eine Vielzahl von Psychologen und Sozialarbeitern «seelische Feuerwehr» sein muss, sollte sich nicht wiederholen. Der hierdurch erkennbar gemachte finanzielle Aufwand sollte in Präventivmaßnahmen fließen.

Ausgehend von der Schule als Verantwortungsgemeinschaft, die für jeden ein sicherer Ort sein soll, stellt sich mir die Frage, wie ein kollegiales System miteinander umgehen und auf Gewalt bzw. kriminelle Akte pädagogisch reagieren kann. Dies soll kein Ruf nach Recht und Ordnung sein. Grenzen des Verhaltens müssen für jeden verbindlich sein. Nur so kann sich der Einzelne sicher fühlen. Straftaten zu decken kann nicht pädagogisch sein, erst recht nicht, wenn andere Schüler hierdurch gefährdet werden.

Zunächst liegt es in der Eigenverantwortung des Lehrers, in einer gefährlichen Situation Grenzen aufzuzeigen. Kann er diese jedoch nicht selbst schützen, ist es Aufgabe der Schule, ihm den nötigen Rückhalt zu geben. Im Falle eines Verdachts, dass Straftaten begangen wurden und die Schule nicht verhindern kann, dass andere durch Wiederholung gefährdet werden, ist die Polizei hinzuzuziehen.

3.3 Strukturelle Gewalt

Auch strukturelle Gewalt, im Sinne rücksichtsloser Vorgaben und Erwartungshaltungen, kann zu erheblichen Erkrankungen beitragen. Uwe Schaarschmidt beginnt seinen Artikel zur psychischen Belastung im Lehrerberuf, den er im Auftrag des deutschen Beamtenbundes verfasst hat, mit folgender Feststellung:

Der Lehrerberuf gehört von jeher zu den Berufen, die in besonderem Maße mit psychischen Belastungen verbunden sind.[8] Gegenwärtig zeichnet sich jedoch eine deutliche Zuspitzung der Belastungssituation ab. Viele Lehrerinnen und Lehrer beklagen eine stetige Zunahme ihrer Aufgaben bei gleichzeitiger Verschlechterung der Bedingungen, wobei Verhaltensprobleme der Schüler und nachlassende Unterstützung der Eltern eine besondere Rolle spielen. Es scheint dringend geboten, der psychischen Gesundheit in diesem Beruf stärkere Aufmerksamkeit zu schenken. ... Eine hohe Qualität des Lehrens und Lernens kann auf Dauer nur mit psychisch gesunden Lehrern gewährleistet werden.

Gewalterfahrung einerseits, einschließlich der Erfahrung, dieser ohne gesicherte Unterstützung der Kollegen, des Rektors oder der

Schulbehörde ungeschützt ausgeliefert zu sein, sowie überlange Arbeitszeiten andererseits fördern die Entwicklung eines Burnout. Da jedoch nicht jeder Lehrer, der entsprechende Erfahrungen macht, erkrankt, bleibt es aus psychosomatischer Sicht konzeptionell notwendig, die individuellen Kofaktoren im Einzelnen zu erfassen.

In den folgenden Beispielen führen die Rahmenbedingungen der Unterrichtssituation zur Überforderung selbst hoch motivierter Lehrer.

Ein junger Gymnasiallehrer, der den Schülern Englisch und Geschichte beibringt, hat fast ausschließlich in Leistungskursen Englisch zu unterrichten. Die Konsequenz lautet, dass er kaum ein Wochenende ohne Korrekturen von Klassenarbeiten und Vorbereitungsaufgaben verbringt. Da er sich außerdem vor einem halben Jahr von seiner langjährigen Lebensgefährtin getrennt hat, ist er sicherlich gefährdet, der permanenten Überforderung nicht ohne seelische Schäden standzuhalten. Als wichtige emotionale Ressource stehen ihm jedoch seine Eltern zur Seite, bei denen er wieder eingezogen ist. Dafür nimmt er einen Anfahrtsweg zur Schule von mehr als einer Stunde in Kauf.

Ein 39-jähriger Ingenieur, verheiratet und Vater von zwei kleinen Kindern, war arbeitslos geworden und suchte als Quereinsteiger in das Berufskolleg eine beruflich gesicherte Zukunft. Nicht nur, dass er als «Berufsanfänger» auf sehr viel Gehalt verzichten musste, weil er nach dem Einstiegsgehalt eines Referendars bezahlt wurde. Er musste von Anfang an neben voller Unterrichtsbelastung auch noch seine Nachqualifizierung erlangen. Die Unterstützung, die er hierin erhielt, erlebte er als unzureichend. Auf eine medizinisch für notwendig erachtete klinische Behandlung konnte er sich nicht einlassen. Er war beschämt zu versagen. Er sah es als persönliche Herausforderung an, mit Hilfe einer ambulanten psychotherapeutischen Begleitung der Überforderung gerecht zu werden.

Eine 29-jährige Referendarin fühlte sich völlig überfordert von der eigenständigen Unterrichtung einer schwierigen 7. Klasse und entwickelte Ängste. Ihre Seminarleiterin war dauerhaft erkrankt und nicht ersetzt worden, ihre Fachleiterin selbst völlig überlastet und offensichtlich alkoholkrank.

Ein 60-jähriger Physik- und Mathematiklehrer hatte sich ein Jahr lang neben der hohen Belastung mit anspruchsvollen Korrekturen von Klassenarbeiten und Unterrichtsvorbereitungen für die 13. Klasse auf das Zentralabitur vorbereitet, das er abnehmen musste. Während dieser Zeit arbeitete er oft, wie seine Frau bestätigte, bis tief in die Nacht, und selbst an den Wochenenden ließen ihm seine Unsicherheit und das Bedürfnis, die Schüler wie gewohnt gut auf das Abitur vorzubereiten, keine Ruhe. Als er nach der schriftlichen Prüfung feststellen musste, dass acht von 13 Klassenarbeiten unter dem Niveau der Vornote der Schüler lagen und somit Nachprüfungen anstanden, brach er zusammen. Er musste feststellen, dass er bei allem Bemühen die Schüler nicht optimal vorbereitet hatte. In seinen Arbeiten nahmen die zahlenmäßigen Berechnungen üblicherweise 80 % ein, in dem Abitur diesmal jedoch nur 20 %. Seine Schüler waren von dieser Art der Prüfung völlig überfordert gewesen.

Die angeführten Beispiele verdeutlichen, wie die Erwartung, dass Lehrer zu funktionieren und nicht mitzubestimmen haben, eine nicht unerhebliche krankheitsfördernde Dynamik entfalten kann.

3.4 Emotionen und Verhalten

Abraham H. Maslow, einer der bedeutendsten Begründer der humanistischen Psychologie, beschrieb eine Bedürfnispyramide, in der in der Basis Grund- und Existenzbedürfnisse, darüber das Bedürfnis nach Sicherheit genannt werden. Die nächst höheren sind Sozialbedürfnisse und solche nach Anerkennung und Wertschätzung. An der Spitze steht die Selbstverwirklichung. Bedürfnisse der Heranwachsenden wie Liebe, Vertrauen, Zugehörigkeit, Kommunikation entwickeln sich in der Intimität. Bleibt die Absiche-

3.4 Emotionen und Verhalten

rung der Grundbedürfnisse vage bis unvollständig, können Reifungsprozesse gestört werden. Es besteht die Gefahr, dass sich ein hartes Schwarz-Weiß-Denken entwickelt, nach dem es nur noch um das Gewinnen oder Verlieren, das Überlegen- oder Unterlegensein, Macht oder Ohnmacht geht. Reifungsdefizite zeigen sich deutlich in heftigen emotionalen Durchbrüchen. Das Aufbauen von Vertrauen gelingt oftmals erst nach einer längeren Nachreifung im Rahmen einer Therapie.

Ärger und Wut sind ganz normale und zum Leben dazugehörige Emotionen, Gewalt hingegen ist ein Verhalten. Die eigenen Wahrnehmungen und gedanklichen Konstrukte sowie auch die Möglichkeit, zwischen verschiedenen Handlungsoptionen entscheiden zu können, stehen zwischen dem Empfinden von Ärger und der Ausübung von Gewalt. Schüler, die Angst haben, erleben sich oftmals als an die Wand gedrängt, unterlegen und missachtet. Werden sie gedemütigt, vor bzw. von den anderen lächerlich gemacht und fühlen sie sich dem hilflos ausgeliefert, droht ihre Impulskontrolle zu versagen. Sie schlagen um sich oder suchen nach anderen Wegen, sich zu rächen. Erfahren sie jedoch

- Respekt gegenüber ihrer verletzlichen Persönlichkeit,
- Rücksichtnahme auf die eigenen Schwächen und Förderung der Stärken,
- Vertrauen, das gegebenenfalls auch dann wieder aufgebaut wird, wenn sie es einmal erschüttert haben,
- Befriedigung ihres Bedürfnisses nach Geborgenheit durch Zugehörigkeit zur Klassengemeinschaft,
- Achtsamkeit und Auseinandersetzung mit ihrer Reifung,

machen sie essentielle Beziehungserfahrungen. Ihre Gewaltbereitschaft wird sich deutlich herabsenken.

Ärger und Wut sind als Emotion für den, der sie erlebt, subjektiv wahr. Es wird in der Realität zu überprüfen sein, inwieweit sie objektiv gerechtfertigt und in der Intensität ihrer Wahrnehmung sowie ihres Ausdrucks der auslösenden Situation angemessen sind. Die Kognition spielt dabei eine große Rolle. Hier und nicht am emotionalen Erleben setzt die Pädagogik an, hier kann der Lehrer korrigierend eingreifen. Es entspricht der subjektiven Realität des Schülers nicht, seinen Ärger als ungerechtfertigt darzustellen. Die Form, in der er seinen Gefühlen Ausdruck verleiht, kann jedoch durchaus infrage gestellt und vom Schüler reflektiert werden. Je näher die pädagogische Aufarbeitung zum auslösenden Ereignis geschieht, desto nachhaltiger wirkt sie. Präsenz und Achtsamkeit und damit Anerkennung der Person und seines Handelns werden dem Schüler hierdurch vermittelt.

3.5 Was der Lehrer tun kann

Es gehören auf Seiten des Lehrers ein großes Maß an Souveränität und innerer Gelassenheit dazu, in jeder Situation ruhig zu reagieren. Wie uns Bauer[9] verdeutlicht, empfindet der Lehrer den Ärger und die Wut des Schülers über seine Spiegelneuronen mit. Hierin liegt die Chance, die Intensität der Emotion zu realisieren. Nimmt er sie bezüglich des auslösenden Ereignisses als unangemessen heftig wahr, handelt es sich meist um komplexere Zusammenhänge. Diese erschließen sich unter Umständen durch Nachfragen. Der Lehrer kann sich hierdurch vor eigenen negativen Reaktionen und Vorverurteilungen schützen und zum Schüler wieder Vertrauen aufbauen. Der Schüler wird sich in seinem Bedürfnis nach Geborgenheit geschützt erleben können und hat es weniger nötig, durch störendes Verhalten auf sich aufmerksam zu machen.

Zeigt sich bei einem Schüler wiederholt übermäßig aggressives Verhalten oder fehlende Einsicht darin, dass jemand anderem dadurch Schaden entstanden ist, Schmerzen zugefügt wurden und sein Handeln unrecht war, ist professionelle Hilfe hinzuzuziehen. Eine gute Kooperation mit erfahrenen Kinder- und Jugendpsychotherapeuten erweitert zudem die eigene Handlungssicherheit.

Wesentlich ist, eine Unterscheidung zwischen normalem und neurotischem Ärger treffen zu können. Der Erstere baut sich mit einer der Situation angemessenen Amplitude auf, ist nur von kurzer Dauer und kann auch benannt werden. Der durch neurotische Anteile deutlich verstärkte Ärger hat komplexere Zusammenhänge. Sie zu erschließen und zu bearbeiten verlangt therapeutisch ausgebildete Helfer. In Supervisionen bzw. Balintgruppen[10] können Lehrer die Differenzierung fallbezogen erlernen.

Nach einer anstrengenden Konfliktklärung durch den Lehrer ist zeitnah eine ausreichende Unterbrechung bzw. Pause notwendig. Die eigene Anspannung, die sich zwangsläufig aufgebaut hat, sollte wieder heruntergefahren werden können, um für die nächste Beziehungsarbeit gerüstet zu sein. Der vertrauensvolle Austausch mit einem nahestehenden Kollegen oder ein Entspannungstraining sind sehr dienlich. Hierfür sollten möglichst geeignete Rückzugsmöglichkeiten in der Schule selbst vorhanden sein. Die von Lehrern oftmals beschriebene tiefe Erschöpfung nach einem konfliktreichen Vormittag führt sonst zu überlangen Ruhephasen am Nachmittag zu Hause mit dem Ergebnis, dass die Vor- und Nachbearbeitungszeiten in den Abend verschoben werden und das Familienleben stark in Mitleidenschaft gezogen wird.

Die eigenen emotionalen Ressourcen in der Familie und im Freundeskreis sind bei vermehrter Auseinandersetzung mit aggressivem Verhalten von Schülern bedeutsam. Wenn ein Lehrer hier stattdessen noch weitere Belastung erfährt, so ist unter Umständen eine professionelle Einzelberatung oder Psychotherapie weiterführend. Wenn sich erst einmal dauerhafter Ärger aufgebaut hat, drohen gesundheitsschädigende Folgen.

4. «Gesundheit durch Bedürfnisbefriedigung»

Becker macht in seinem Buch *Gesundheit durch Bedürfnisbefriedigung*[11] bereits im Titel deutlich, dass befriedigende Selbstaktualisierungsmöglichkeiten gesundheitsförderlich sind, und belegt dies anhand einer Vielzahl wissenschaftlich abgesicherter Beispiele. Die Schule bietet eine Vielzahl von Chancen zur Selbstaktualisierung, der Erfüllung eigener Vorstellungen und Ansprüche, soweit es gelingt, diese zu erkennen. Richtet sich der Blick auf die Herausforderungen und werden diese vorwiegend als problematisch wahrgenommen, wird es schwierig, sich im System Schule wiederzufinden. Der Lehrer entfaltet seine Tätigkeit in einem komplexen System mit ganz unterschiedlichen, teils divergierenden Interessenlagen. Wenn es ihm gelingt, seine eigenen Bedürfnisse nach Selbstaktualisierung zu befriedigen, so bleibt er mit großer Wahrscheinlichkeit gesund. Zumindest sind dadurch die berufsbedingten Faktoren für die Entwicklung von Krankheitsbildern erheblich reduziert. Die Komplexität des Systems bietet für jeden Anspruch ausreichend Entfaltungsspielraum.

Der systemische Ansatz konzentriert sich auf die Spielräume, die sich dem Lehrer für seine Selbstaktualisierung ergeben: Grundprinzip des Lehrerberufs ist es, jungen Menschen Wissen zu vermitteln. Hiermit muss sich der Lehrer affektiv positiv verbinden. Erst wenn er Wert und Nutzen für sich selbst darin erkennen kann, wird er seine Schüler begeistern.

4.1 Herausforderungen und Chancen

Abbildung 1 zeigt, dass der Lehrer nicht wirklich alleine vor der Klasse steht, wenn er unterrichtet. Er verrichtet seine Arbeit innerhalb eines Systems, in dem er als Leistungsträger eine zentrale Rolle einnimmt. Der Rahmen, in dem er sich bewegt, wird so-

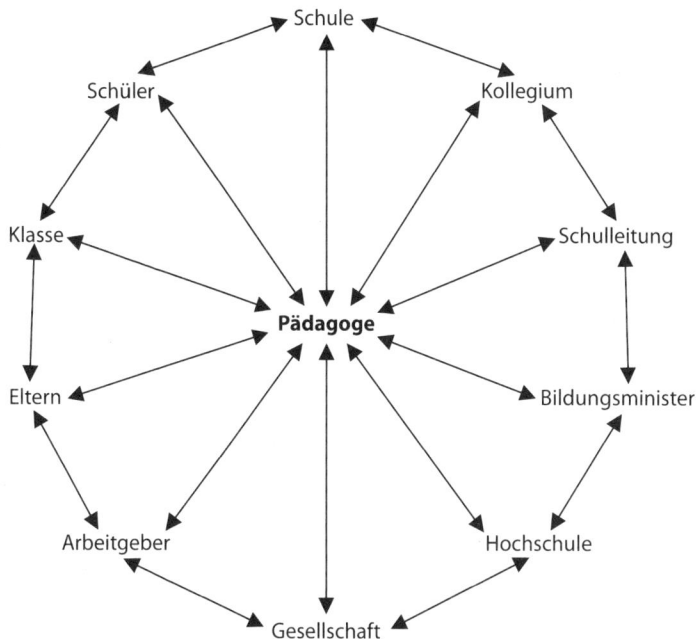

Abbildung 1: Der pädagogische Systemkreis

wohl inhaltlich als auch äußerlich von der Politik bzw. dem Träger festgelegt. Die Lernatmosphäre wird vom gesamten Kollegium mitgestaltet. Das soziale Niveau der Schüler wird durch das unmittelbare schulische Umfeld sowie ihren Ruf mitbestimmt. Hohe Arbeitslosigkeit und strukturelle Mängel wirken sich auf die Schüler unmittelbar aus.

4.1.1 Schule

Herausforderungen für den Lehrer Die Schule, an der ein Lehrer tätig ist, ist der Ort beruflicher Selbstaktualisierung. Hierbei muss er die Rahmenbedingungen wie Equipment, räumliche Ausstattung und Lage (z. B. in einem sozialen Brennpunkt) sowie die inhaltlichen Vorgaben, die das Bildungssystem verlangt, berücksichtigen. Sie stellen das Spielfeld dar, auf dem er sich bewegt. Und auf einem Fußballfeld wird nun einmal Fußball gespielt, obwohl es auch für eine Vielzahl anderer Spiele tauglich wäre. Jungen Lehrern fällt es nicht schwer, sich mit den aktuellen Spielregeln zu arrangieren, wenn diese annäherungsweise dem entsprechen, was ihnen in den Seminaren gelehrt wird. Ihnen fehlt es allerdings an beruflicher Erfahrung. Den Praxisschock dürfte letztlich jeder erfahren. Hierbei ist es eine große Hilfe, die Hand eines erfahrenen Kollegen gereicht zu bekommen. Leider berichten gerade Junglehrer, dass sie mit ihrem Überschwang an Engagement und neuen Ideen oftmals auf wenig Zustimmung stoßen und ihnen stattdessen durch ein Übermaß an Arbeitsanforderungen sofort die Grenzen ihrer Belastbarkeit aufgezeigt werden.

Weitreichende Veränderungen wie Paradigmenwechsel, Verkürzung der gymnasialen Oberstufe und zeitgleiche Einführung des Zentralabiturs können den Einzelnen, ob jung oder alt, überfordern. Bewährte Unterrichtsmethoden, die sich unter früheren Bedingungen bewährt haben, pädagogisch-didaktisch geschickte «Umwege», werden plötzlich zu Sackgassen. Elternarbeit, soziale Kontakte zu Arbeitgebern etc. basieren auf eingefahrenen Wegen, in die die offiziellen Neuerungen integriert werden müssen.

Chancen für den Lehrer Ein Mensch reift an den Aufgaben, denen er sich stellt. Jede Schule birgt ihre eigenen Chancen. Es liegt in der Leitungsverantwortung, durch intensive vorbereitende Diskussionen und begleitende Fortbildungen jedem Lehrer die erforderliche Unterstützung zu geben, sich mit Neuerungen zu identifizieren, den eigenen Selbstaktualisierungsspielraum zu entdecken und auszunutzen. Jeder kann seine Kreativität mit in die Ausgestaltung im Bereich seiner Kernkompetenzen und Neigungen nutzen. Der Spannungsbogen, der sich zwischen Wünschenswertem und Umsetzbarem in den Diskussionen untereinander auftut, kann als bereichernd genutzt werden. Nie erfährt jemand deutlicher, wie das komplexe Gebilde seiner Schule funktioniert, als wenn er Veränderungen anstrebt.

Eine intensive Einbeziehung der Mitarbeiter in die dynamische Weiterentwicklung von Konzepten und die Verbesserung der pädagogischen Möglichkeiten stärkt die *corporate identity*, die Eigenverantwortung jedes Einzelnen sowie das Profil nach außen. Aus «der Schule» wird so «meine Schule». Die Arbeitszufriedenheit und die Selbstaktualisierung im vorgegebenen Rahmen lassen sich steigern.

Die für eine Mitgestaltung erforderliche Diskussionsbereitschaft fördert die Autonomie des Einzelnen innerhalb des Systems. Es wird jedem erkennbar, dass er nicht alleine vor der Klasse steht, wenn sich die Tür hinter ihm schließt. Eine Klasse wird von einem Lehrkörper unterrichtet, zu dem alle in dieser Klasse unterrichtenden Lehrer gehören, auch die nicht planmäßig eingesetzten Lehrer im Kollegium. Denn es kann im Vertretungsfall nahezu jeden treffen, in einer Klasse ersatzweise einspringen zu müssen. Die Tendenz zur Spaltung von Schule und Schülern und auch Eltern wird verstärkt, wenn der Vertreter nicht respektvoll dem gegenüber, den er ersetzt, und nicht im gleichen Geiste unterrichtet. Damit ist nicht dieselbe Methodik gemeint, sondern die Grundhaltung im Verständnis von Schule.

4.1.2 Schüler

Herausforderungen für den Lehrer Der Pädagoge ist permanent mit seiner ganzen Persönlichkeit gefordert. Wissensvermittlung und pädagogische Führung mit dem Ziel der Persönlichkeitsreifung junger Menschen sind seine Hauptaufgaben und gleichzeitig auch seine Kernkompetenzen. Sie treffen naturgemäß nicht selten auf den Widerstand der Schüler. Insbesondere, wenn der Schüler sich entwicklungsbedingt infolge der Hirnreifung während der Pubertät zurückzieht. Verhaltensschwierigkeiten verschiedenster Art gilt es zu erfassen und angemessen darauf zu reagieren. Essstörungen als schweres lebensbedrohliches Krankheitsbild, leichte Verführbarkeit infolge emotionaler Durchlässigkeit, mangelnder Impulskontrolle, gesteigerter Neugierde und Experimentierfreude machen junge Menschen empfänglich für Alkohol-, Nikotin- und Drogenmissbrauch, aber auch für sexuellen Missbrauch, für Selbstverletzung bis hin zu Selbstmordgefährdung bzw. Fremdgefährdung und aggressiven Ausbrüchen. Der Lehrer muss sowohl den Störenfried als auch den Duckmäuser, den Stillen wie den lauthals Auffälligen wahrnehmen. Schüler sind nicht reif, sie müssen noch reifen. Daher ist eine durchgängige Planung des Unterrichts unmöglich, es wird dem Lehrer von den Schülern ein hohes Maß an Flexibilität bei dennoch klarer Zielorientierung abverlangt.

Je höher das Störungspotential ist, die Verunsicherung der Schüler durch Faktoren von außen, desto stärker reagieren sie in der ihnen eigenen Art. Ist ein Elternteil alkoholabhängig, aggressiv und unberechenbar, haben die Eltern erhebliche Partnerschaftsprobleme, trennen sich oder führen einen Rosenkrieg nach Trennung und Scheidung, ist eine wichtige Bezugsperson seelisch oder körperlich schwer krank oder gestorben, können Schüler für längere Zeit nicht aufnahmefähig sein. Sie reagieren sehr empfindlich und leiden zusätzlich zu den emotionalen Belastungen im primären Beziehungsumfeld unter ihrem «Versagen» in der Schule.

Die soziale Kompetenz der Schüler, die sie von zu Hause mitbekommen haben, ist durch den Verlust des Großfamilienzusammenhalts stark belastet. Insbesondere können große Probleme sozialer Entwurzelung bei Migration auftreten. Dies ist kein Armutsproblem. Selbst in den Schulen der Reichen muss darauf reagiert werden, dass so manches Kind mehrsprachig aufgewachsen ist und keine Sprache als seine Muttersprache bezeichnen kann. Hierin bestehen riesige Herausforderungen für jeden Pädagogen. Die Schule als Schmelztiegel aller Interessen ist fest verwurzelt in der Gemeinde, dem Stadtteil. Das erzwingt eine genaue Kenntnis der jeweiligen sozialen Situation und guten Kontakt zu schulfernen Institutionen. Jede Umgebung birgt ihre eigenen vielfältigen Herausforderungen.

Moderne Handys ermöglichen Schülern, Lehrerinnen unter den Rock zu fotografieren. Mittels Verzerrung werden kompromittierende Äußerungen eines Lehrers aufgezeichnet und veröffentlicht. Die Intimsphäre wird durch dem Stalking ähnliche Methoden verletzt. Computer werden missbräuchlich verwendet, um in Chatrooms Lehrer schlechtzumachen und auch zu bedrohen. Das Aggressionspotential wird durch Gewaltvideos und Computerspiele erhöht.

Der gesellschaftliche Umwälzungsprozess mit Wertewandel, Verlust der Autoritäten sowie der moralischen Instanz der Kirchen mit ihrem Sozialengagement in der Kinder- und Jugendarbeit sowie fehlende berufliche Perspektiven verunsichern junge Menschen erheblich. Sie sollen einerseits zu selbstbestimmten Menschen heranwachsen, erleben sich andererseits im Alltag jedoch mehr als umworbenes Objekt der Werbung und Medien, als Kostenfaktor und lärmender Störenfried.

Die Adoleszenz, die sich an die Pubertät anschließt und früher mit 25 Jahren beendet war, dauert heute oftmals bis zum 30. Lebensjahr. Junge Menschen benötigen viel mehr Zeit, um sich eigenverantwortlich in der Welt der Erwachsenen orientieren und behaupten zu können, die eigene Lebensplanung zu realisieren und dauerhafte Bindungen, einschließlich der Familiengründung, einzugehen. Die Orientierungslosigkeit zum Beispiel der jungen Menschen, denen die Matura zugesprochen wurde, zeigt sich in der großen Unsicherheit bei der Berufswahl. Viele brechen ihr Erststudium vorzeitig ab, und nicht wenige benötigen ein halbes bis ganzes Jahr, um sich in der Wahl ihres Studiums festzulegen. Wechsel des Studienfaches, Zwischenschieben einer Berufsausbildung, um erneut an der Hochschule Anlauf zu nehmen, Prüfungsängste kurz vor Abschluss eines Studiums zeugen von dieser allgemeinen Verunsicherung. Doch zeigt sich diese auch schon deutlich früher. Schulversagen bzw. -verweigerung, vorzeitiges Beenden der Schullaufbahn, massive Prüfungsängste bis hin zur Entwicklung manifester Erkrankungen wie Essstörungen, ungelöste Symbiose-Individuations-Konflikte, Depressionen und Angststörungen, selbst Suizidalität und Fremdgefährdung, Drogen-, Alkohol- und Tablettenmissbrauch sind Probleme, auf die der Lehrer bzw. die Schule reagieren muss. Sicherlich sind vielfach externe professionelle Hilfen hinzuzuziehen, doch der Schüler trägt seine Unsicherheit, seine gestörte Beziehungsfähigkeit zunächst mit in den Unterricht. Und hier beggnen sich geforderte Schüler und geforderte Lehrer. Der eine ist bemüht, sein Leben hier und jetzt in den Griff zu bekommen, der andere versucht, ihm Fertigkeiten und Fähigkeiten zu vermitteln, die er später als Erwachsener benötigt.

Chancen für den Lehrer Nach der Familie sind Lehrer für Schüler oft die wichtigsten erwachsenen Bezugspersonen. Erfahren sie von diesen Achtsamkeit und ein Gefühl der Zugehörigkeit, Rücksichtnahme und Respekt, kann dies zu einer wesentlichen Beziehungserfahrung werden. Für den Schüler ist die Schule die erste soziale Gemeinschaft, auf die er sich einlassen muss. Sie ist seine Berufswelt. Hier macht er wichtige andere, seinen Erlebnishorizont erweiternde Erfahrungen.

Liegt eine Schule in einem sozialen Brennpunkt und sind mehr Schüler durch schwierige psychosoziale Rahmenbedingungen belastet und dadurch verhaltensauffällig, ist die emotionale Kompetenz des Lehrers besonders gefordert. Es gilt, der spezifischen Normalität des sich entwickelnden jungen Menschen gerecht zu werden. Das Erkennen von berechtigten emotionalen Bedürfnissen ermöglicht es, den Schüler zu fordern, wenn er belastbar ist, und zu schützen, wenn er überfordert ist. Auf Verhaltensauffälligkeiten frühzeitig zu reagieren ist pädagogisch zielführender, als zu drastischen Maßnahmen zu greifen, wenn die Situation eskaliert. Dem verunsicherten Schüler, der die Erwachsenen- und die Berufswelt eher als feindlich wahrnimmt, kann der Lehrer ein positives Beispiel abgeben, wenn er seine Arbeit sinngebend und -erfüllend gestaltet.

Dies alles setzt jedoch für den Lehrer voraus, dass er seine eigenen Emotionen frühzeitig erkennt und diese in seine Reflexionen der Prozesse in der Klasse bzw. in die Einschätzung der Belastbarkeit von Schülern mit einbeziehen kann. Hieran kann er selbst reifen und lernen, sein inneres Gleichgewicht zu schützen. Keine Situation ist wie die nächste, damit behält der Lehrer seine innere Flexibilität.

Ein respektvoller und gleichzeitig durchsetzungsfähiger Umgang mit dem Schüler erfordert enorm viel persönliche Autorität. Jeden Tag muss sich ein Lehrer aufs Neue bewähren. Gute Kooperation mit Sozialarbeitern und Kinder- und Jugendpsychiatern und -psychotherapeuten bzw. Beratungsstellen entlasten den einzelnen Lehrer und erweitern sein eigenes Handlungsspektrum durch den Erfahrungsaustausch. Der Spielraum für Selbstaktualisierung im pädagogischen Arbeiten nimmt zu.

4.1.3 Kollegium

Herausforderungen Viele Kollegien sind überaltert. Dies führt zu einer hohen individuellen Einzelbelastung und wird den Erwartungen der Schüler oft nicht gerecht. Es fehlt auch an innovativen Ideen, verfestigte Strukturen lassen Eigeninitiativen Einzelner oftmals im Keim ersticken. Häufig werden die Möglichkeiten, einmal anders zu handeln, Neues auszuprobieren, quer zu denken, nicht gesehen und Ressourcen damit verschwendet. Das Bedürfnis wächst, die einmal gefundene Harmonie aufrecht zu erhalten und Konflikte zu vermeiden. Jeder hat seinen Platz gefunden, Veränderungen fallen immer schwerer. Es bilden sich Koalitionen untereinander, die mit sich selbst zufrieden sind und sich allzu leicht gegenüber anderen abschotten. Das Bild vom Anderen erstarrt mit der Zeit und engt den Bewegungsspielraum ein. Jeder scheint zu erwarten, dass die Erwartungen, die in der Vergangenheit bedient wurden, auch künftig erfüllt werden. Oftmals sind die Kollegien auch personell schwach besetzt. Vertretungsunterricht im Krankheitsfall wird häufig von Referendaren oder Junglehrern übernommen, die sich hiervon überfordert fühlen.

Kollegien suchen sich ihre neuen Kollegen und die Schulleitung nur bedingt mit aus. Es ist immer noch sehr schwierig, einen Versetzungsantrag genehmigt zu bekommen. Fühlt sich jemand im Team nicht mehr wohl, quält er sich unter Umständen sehr lange, bis er gehen kann, und wird so unfreiwillig zum Störfaktor für Gruppenprozesse.

Chancen Den Druck divergierender Interessen und Anforderungen, die an die Schule gestellt werden, vermag ein gut funktionierendes Kollegium allemal besser ins Lot zu bringen, als es einem Einzelnen möglich ist. Einigkeit macht stark. Das Kollegium bildet die zentrale soziale Gemeinschaft im Berufsleben des Lehrers. Erfährt er hier Respekt gegenüber seiner Persönlichkeit, Akzeptanz und Förderung seiner Stärken sowie Unterstützung in seinen Schwächen und Rücksichtnahme, wenn er sich zum Beispiel infolge von privaten Belastungen zeitlich begrenzt im beruflichen Engagement zurücknehmen möchte, wird er eine hohe Identifikation mit «seiner» Schule aufbauen. So bleibt er ein starkes Mitglied des Lehrkörpers, auch wenn er einmal schwach ist.

Das Herausbilden einer *corporate identity* eröffnet Spielraum für individuelle Entwicklung und gibt der Schule zudem ein Profil, mit dem sie sich nach außen präsentieren kann. Gleichzeitig bindet das hierin sich ausdrückende Gemeinschaftsgefühl den einzelnen Lehrer stärker ein. In nächster Zukunft wird dieser Aspekt angesichts des erkennbaren Lehrernachwuchsmangels sowie der Notwendigkeit, um neue Schüler zu werben, wieder wichtiger.

Große Firmen wie zum Beispiel Thyssen-Krupp bauen eigene Akademien auf, um hier mit eben diesem Ziel ihren Nachwuchs zu fördern. Sie versuchen, für junge Ingenieure und künftige Führungskräfte langfristig attraktiv zu bleiben. Die Teilnahme an entsprechenden Seminaren ist dabei selbstverständlich Pflicht und läuft während der Arbeitszeit zu Lasten des Arbeitgebers. Selbst für Einzelberatungen werden entsprechende Finanz- und vor allem Zeitressourcen zur Verfügung gestellt. Es entscheidet künftig nicht mehr allein das Gehalt! Hierin können Kollegien Chancen erkennen, sich durch externen Input zu bereichern, das Verkrusten eigener Strukturen zu verhindern und attraktiv für junge Lehrer zu werden.

Letztlich ist die vielstündige tägliche Arbeit mit mehreren seelisch belasteten und verhaltensauffälligen jungen Menschen nur in einem Team gut zu bewältigen. Dieses *Team-working* bezieht sich sowohl auf den unmittelbar gemeinsam durchgeführten Unterricht, wie es ihn heute schon gibt und von Lehrern als sehr bereichernd beschrieben wird. Es meint jedoch auch den Austausch mit anderen in der Klasse unterrichtenden Kollegen. Dieser sollte sich nicht auf pädagogische Konferenzen beschränken, sondern selbstverständlich auf kurzem Weg zwischen den Unterrichtsstunden möglich sein. Dies setzt allerdings voraus, dass Pausen auch hierfür genutzt werden können. Es würde das Umschalten von einer Klasse auf die nächste erleichtern und helfen, aufgestaute Spannungen abzubauen. Hierdurch würden schließlich auch die Schüler entlastet von dem Gefühl, Verantwortung für das Wohlbefinden des Lehrers übernehmen zu müssen. Lösungsmöglichkeiten für Konfliktsituationen können gemeinsam entwickelt werden und das Gefühl der Machtlosigkeit und des Ausgeliefertseins mildern. Der soziale Rahmen des Kollegiums könnte so positiven Vorbildcharakter für eine gut funktionierende Arbeitsgemeinschaft werden. Gleichzeitig lernen die Schüler, dass Erwachsene miteinander an einem Strick ziehen. Diese Erfahrung fehlt beispielsweise Kindern aus *Broken-home*-Situationen.

Eine pädagogische Professionalisierung des Lehrkörpers ermöglicht angemessene Reaktionen auf das «natürliche» entwicklungs- und umweltbedingte Aggressionspotential bzw. auf die Verhaltensstörungen der Heranwachsenden.

4.1.4 Klasse

Herausforderungen für den Lehrer Große Klassen sind laut, bergen ein hohes Störpotential. Insbesondere im Pubertätsalter sind die Entwicklungs- und damit auch die Leistungsunterschiede gravierend groß. Leistungsminderndes und stressreiches Multitasking lassen den Alltag des Lehrerberufes schnell belastend werden, zumal wenn die Pausen notwendigerweise noch Schülern zur Verfügung gestellt werden. Fehlendes Taktgefühl, mangelnde Impulskontrolle und Affektdurchlässigkeit, leichte Ablenkbarkeit, Introvertiertheit, Beschäftigung mit dem eigenen Körper und eigenen Interessen seitens der Schüler lassen Unterrichten schnell zu einer mühsamen Sisyphusarbeit werden. In Klassen mit Kindern aus sozial schwachen Milieus differieren zudem *social code* und Sprachlevel von Schülern und akademisch gebildeten Lehrern, was zu folgenreichen Missverständnissen führen kann. Weniger beherztes Eingreifen und schwaches Durchgreifen sowie Konfliktvermeidung können fehlgedeutet werden und zu mehr Provokationen reizen. Der Lehrer darf sich nicht gehen lassen, er steht unter permanenter sozialer Kontrolle der gesamten Klasse.

Die Ausstattung vieler Schulen ist sicherlich nicht in jedem Fall zeitgemäß zu nennen. Gegenüber der Hochrüstung mancher «Kinderstuben» mit Computer, Fernsehen, Multimediaplayer u. v. m. können nur wenige Schulen mithalten. Modernen naturwissenschaftlichen Unterricht unter Ausnutzung optimaler Ressourcen zu gestalten gelingt in beliebten Fernsehsendungen viel besser.

4. «Gesundheit durch Bedürfnisbefriedigung»

Auch die Wirtschaft läuft den Schulen mit ihren Bildungsmöglichkeiten davon.

Chancen für den Lehrer Der persönliche Kontakt, den ein Lehrer zu seinen Schülern herstellt, kompensiert viele Mängel in der Einrichtung. Aus nichts etwas zu machen erfordert Kreativität und Erfindergeist! Sich den hierfür nötigen Freiraum zu erobern bedarf einer guten Absprache mit dem Kollegium und der Schulleitung.

Ein Lehrer erfüllt für die Klasse die Rolle eines Dirigenten. Selbst beste Musiker finden im Zusammenspiel mit 30 anderen nur zu mäßiger Leistung, wenn sie nicht gut geführt werden. Neue pädagogische Möglichkeiten ergeben sich, wird die Klasse als ein Klangkörper verstanden. Manches Mal dürften jedoch auch Dompteurqualitäten verlangt sein. An diesen Herausforderungen zu reifen bedeutet Persönlichkeit zu entwickeln.

4.2 Fragen an das System

Die beschriebenen Herausforderungen, die Schule, Schüler, Kollegium und Klasse an den Lehrer stellen, sowie die damit einhergehenden Chancen führen zu Fragen, die an das System gerichtet werden müssen und bislang ihrer befriedigenden Antworten harren. Aus eigener langjähriger Leitungserfahrung und Führungsverantwortung weiß ich, dass die besten Ergebnisse nur gemeinsam von allen Leistungsträgern zu erbringen sind. Es sind grundsätzlich individuelle, den Ressourcen, Möglichkeiten und Grenzen der jeweiligen Schule gerecht werdende Lösungen zu finden. Diese können nicht zentral vorgeschrieben werden, lediglich der Rahmen kann von oben gesetzt werden.

Neuerungen können nur zum gewünschten Ziel führen, wenn die Vorraussetzungen für eine erfolgreiche Umsetzung stimmen. Dabei ist zu bedenken, dass ein so riesiger Apparat wie das Schulsystem sich allein schon ob seiner Größe nur sehr langsam verändern lässt und Reformen daher viel Zeit benötigen.

Es stellen sich im Hinblick auf die Zukunft des pädagogischen Systems viele Fragen. Im Folgenden werden einige aufgelistet:

4.2 Fragen an das System

- Wie können die pädagogischen Voraussetzungen sowohl in der Ausbildung als auch im Schulalltag der Lehrer verbessert werden, die Klassenfrequenz auf ein zuträgliches Maß reduziert, das Konfliktmanagement verbessert werden?
- Wie können Forschungsergebnisse zum Gesundheitszustand der Lehrer bessere Berücksichtigung bei der politischen Willensbildung finden?
- Wie können erfahrene Lehrer nachqualifiziert werden, um psychomental besser für die verkürzte Schulzeit gerüstet zu sein, ohne neben einer durchschnittlichen Wochenarbeitszeit von ca. 50 Stunden weiter belastet zu werden?
- Wie kann die vermehrte Elternberatung, die mit den vielfältigen Veränderungen im Schulsystem einhergeht, geleistet werden, ohne die Wochenarbeitsstundenzahl für Lehrer zu erhöhen?
- Wie können genügend Zeit und Raum für das Erlernen eines effizienten Konfliktmanagements zum Abbau der Aggressionsrate der Schüler geschaffen werden?
- Wie können die Leistungsträger der Bildungsvermittlung, die Lehrer, mit ihren Erfahrungen bei der Planung und Umsetzung von Reformen deutlicher zu Wort kommen und möglichst schon im Vorhinein für deren gelingende Umsetzung gewonnen werden?
- Wie können Bedingungen aussehen, die die gemeinsame Arbeit von Eltern und Lehrern an dem Ziel, die Schüler ein ihren Möglichkeiten entsprechendes bestes Ergebnis erreichen zu lassen, ermöglichen?
- Wie können gewaltpräventive Programme interessierten Lehrern als substantieller Teil ihrer beruflichen Aufgabe vermittelt und Bedingungen geschaffen werden, dass diese innerhalb der Dienstzeit umgesetzt werden können?
- Wie kann Schule wieder gleichermaßen von Lehrern und Schülern als Ort gesicherter Beziehungen erlebt werden?
- Wie können psychosozial tragende pädagogisch günstige Bedingungen für ein affektiv positiv besetztes Lernen und Lehren geschaffen werden?

4. «Gesundheit durch Bedürfnisbefriedigung»

So mancher Lehrer sieht sich Vorstellungen einzelner gebildeter Eltern gegenüber, die weit an den Möglichkeiten und Leistungen sowie dem Verhalten ihrer Kinder vorbeigehen. Angesichts des Negativ-Images von Lehrern, das auch von Politikern gepflegt und damit legitimiert wird, scheinen Eltern leicht überzogene Forderungen an Lehrer stellen zu können. Um sie in das Lernen ihrer Kinder einzubeziehen und in ihrer Kompetenz anzuerkennen, müssen zum Beispiel Zeiträume geschaffen werden, die notwendigerweise zu Lasten der Unterrichtszeit gehen.

5. Definition und Diagnostik von Burnout

Das Gesamtsystem Schule stellt eine Vielzahl unterschiedlicher Herausforderungen an den Lehrer. Nur ein gesunder Leistungsträger kann diesen standhalten, seine Chancen erkennen und nutzen. Oftmals führen übermäßige Belastungen jedoch zu Störungen von Körper, Geist und Seele.

Das Burnout-Syndrom beschreibt einen tiefgreifenden psychophysischen Erschöpfungszustand. Freudenberger[12] stellte 1974 fest, dass dieses Krankheitsbild bevorzugt Menschen mit hoher sozialer und ethischer Verantwortung betrifft und definierte es anhand der Symptome

1. Erschöpfung,
2. niedrige persönliche Leistung sowie
3. Depersonalisation.

Dabei wird die Entwicklung von einem empfindsamen zu einem empfindungslosen Stadium erkannt:

- Empfindsames Stadium: Negative Gefühle werden nicht beachtet, ein hoher Energieeinsatz zum Erreichen gewohnter Leistungen aufgebracht und chronische Müdigkeit verdrängt.
- Empfindungsloses Stadium: Es treten Symptome wie Gleichgültigkeit, Schuldzuschreibungen an die Umwelt, Angst, nicht anerkannt zu sein, und Desorientierung auf.

Hinter dieser Beschreibung verbirgt sich eine ernst zu nehmende biopsychosoziale Störung, die Körper, Geist und Seele sowie die gesamte Persönlichkeit erfasst. Alle Bereiche der Störungen sind zu erkennen, um dem Syndrom in seiner ganzen Komplexität und damit dem Leid des Betroffenen gerecht zu werden.

Zu spät diagnostiziert und behandelt führen der Verlust der

Lebensfreude, der sozialen Kontaktfähigkeit und der körperlichen Belastbarkeit sowie die Verunsicherung des eigenen Selbstverständnisses in die Frühpensionierung. Selbst Patienten, die nicht mehr in den Beruf zurückkehren können, müssen unbedingt psychosomatisch-psychotherapeutisch behandelt werden. Entlastung von der beruflichen Verantwortung allein ist kein Therapieersatz. Die Störung wirkt bis weit in die Zeit nach einer Pensionierung hinein, und es gelingt vielen Betroffenen nicht, zu ihren Ressourcen zurückzufinden, neue Lebensfreude zu entwickeln und ihre jahrzehntelange berufliche Tätigkeit in guter Erinnerung zu behalten. Sie sind stark gefährdet, chronisch depressiv zu werden oder an einer Angststörung zu erkranken.

5.1 Die Symptomatik von Burnout: Störungen im Bereich von Körper, Geist und Seele

Wer jemals einem Menschen gegenübersaß, der völlig ausgebrannt ist, wird erschrocken sein über die Massivität der Störung, die die ganze Persönlichkeit erfasst. Die Betroffenen erscheinen tief erschöpft, innerlich verloren und fast schon desorientiert. Sie sind kaum noch fähig, sich differenziert auszudrücken, und reagieren nicht auf das Gegenüber, schwingen nicht mehr emotional mit. Mit letzter Kraft halten sie den Körper aufrecht, um die Contenance zu wahren. Oftmals brechen sie in Tränen aus, wenn sie von zu viel Verantwortung und den Schuldgefühlen berichten, dieser nicht mehr gerecht werden zu können. Stets sind sie bemüht, die Gefühle der Peinlichkeit und Scham zu verbergen. Der Kontrast zwischen der aufgrund ihrer beruflichen Position zu erwartenden Souveränität im sprachlichen Kommunizieren und der Unsicherheit, mit der Patienten ihre Situation schildern, ist überdeutlich.

Die Störungen, die mit einem Burnout einhergehen, lassen sich den drei Bereichen Körper, Geist und Seele zuschreiben. Der Seele werden dabei die Emotionen und die Interaktionen mit der Familie, dem Freundeskreis und der Arbeitswelt zugeordnet. Die Störungen entwickeln sich individuell in unterschiedlichem Ausmaß, und nicht alle Symptome treten bei jedem Patienten auf.

Körper

Herz-Kreislauf-Probleme: Bluthochdruck, Blutniedrigdruck · Schwindel, Sehstörungen · Herzrasen, Herzrhythmusstörungen · Stiche in der Brust etc.

Lunge: Luftnot oder Hyperventilation · Zunahme asthmatischer Beschwerden · rezidivierende Bronchitiden · sonstige Infekte

Verdauung: Magenschmerzen · erhöhte Magensäure · Magengeschwüre · chronische Durchfälle · krampfartige Beschwerden · vermehrtes Wasserlassen · Prostatabeschwerden

Haut: vermehrter Juckreiz · Erröten · verstärkte Neurodermitis oder Psoriasis · vermehrtes Schwitzen insbesondere nachts etc.

Sinnesorgane: Tinnitus · Hörsturz · Schwerhörigkeit · Taubheitsgefühl und andere Gefühlsstörungen · Verlust von Geruchs- und Geschmacksfähigkeit · Sehstörungen etc.

Hormonelle Störungen: Störungen der Sexualität mit gesteigerter Frühgeburtsneigung · Infertilität · Libidoverlust · Schilddrüsenhormon- und Cortisolspiegelstörung

Immunsystem: erhöhte Infektanfälligkeit · Allergien verstärken sich · wahrscheinlich erhöhte Rezidivrate nach Brustkrebs

Stoffwechselentgleisungen: erhöhte Blutfette · erhöhte Cholesterinwerte · entgleiste Blutzuckerwerte bei Diabetes u. v. m. · drohendes metabolisches Syndrom

Geist

Konzentrationsstörungen · Denkhemmung bis hin zur Denkblockade · Nachlassen des Abstraktionsvermögens · Gedankenkreisen oder Einengung des Denkens · Unentschlossenheit bis Entscheidungsunfähigkeit · Merk- und Erinnerungsschwierigkeiten · Interesseverlust · Leistungsverlust · Störung der Aufmerksamkeit und Vigilanz

Seele

Emotional

Innerer Rückzug mit vermehrtem Misstrauen · Verlust des «sicheren Ortes» · depressive Grundstimmung mit Störung der Motivation, der Lust und des Antriebs bis zur Suizidalität · gedämpfte emotionale Schwingungsfähigkeit · Angst und Verlust von Selbstvertrauen und Selbstwertgefühl mit der Folge von Gereiztheit und Affektlabilität, Hoffnungs- und Perspektivlosigkeit · Verlust von Lebensqualität und Lebensfreude, Spontaneität und Kreativität · Gefühl des Funktionierens ohne Bezug zu eigenen Bedürfnissen · Raubbau an der Gesundheit infolge mangelnder Körperwahrnehmung · zunehmender Zynismus und Selbstentwertung mit Verlust von Motivation, Identifikation, Kreativität und Antrieb

Interaktiv

Familie: zunehmender Rückzug vom Familienleben (z. B. Vermeidung von Teilnahme an Familienfesten) · Gefühl der Überforderung · Wortkargheit · gestörte Kommunikationsfähigkeit und Konfliktvermeidung · innere Emigration mit Vereinsamung und Gefühl der inneren Leere

Freundeskreis: Vernachlässigung gemeinsamer Hobbys und Freizeitgestaltung mit anderen · nachlassende bis fehlende Anteilnahme am Leben und Schicksal der Freunde · zunehmende innere Entfernung von den Freunden

Berufswelt: zunehmende Leistungsschwäche bis zu Leistungsverlust · Konzentrationsstörungen und wachsende Angst vor Versagen bzw. Fehlern · zunehmende Arbeitsintensität und -dauer unter Verzicht auf ausreichende Erholungspausen · vermehrte Fehlerhäufigkeit und Fehlentscheidungen · drohender Verlust der Impulskontrolle und Contenance insbesondere in Konfliktsituationen mit Schülern, Eltern und/oder Kollegen · vermehrte Selbstkontrolle und gesteigerter Perfektionismus aus Angst oder Scham · Reduzierung des Kontaktes zu den Kollegen auf ein Minimum · Verlust des Gemeinschaftsgefühls · Zunahme von Einsamkeit und Überforderung · Verlust sozioemotionaler Kompetenz und Begeisterungsfähigkeit · Schwächung bis Verlust des pädagogischen und didaktischen Impetus

Für die klinische Behandlung mit dem Ziel der Genesung stellt sich das Burnout-Syndrom sehr vielgestaltig dar.[13] Um die individuellen Ursachen von Burnout diagnostisch erfassen zu können, dauert eine Erstuntersuchung selbst nach mehreren Jahren intensivster Auseinandersetzung mit dem Krankheitsbild mindestens 50 Minuten und wird testpsychologisch noch erweitert.

Einem Gespräch bei einem Psychosomatiker gehen in der Regel jedoch auch zahlreiche Untersuchungen des Patienten voraus, die vorrangig eine körperliche Erkrankung ausschließen bzw. erfassen. Es bleibt ein unhaltbarer Zustand, dass Patienten nach wie vor im Durchschnitt fünf bis sieben Jahre leiden müssen, ehe der psychosomatische Zusammenhang gesehen, das Syndrom in seinem biologischen, psychischen und sozialen Bedingtheiten diagnostiziert, dem Betroffenen verständlich gemacht und ursächlich behandelt wird.

5.2 Störungen im psychomentalen und kognitiven Bereich

Die seelisch-geistigen Störungen treffen den Pädagogen mitten ins Herz seines Selbstverständnisses. Deswegen wird hier ausführlich von den klinischen Störungen, die mit einem Burnout verbunden sind, berichtet. Burnout ist weit mehr als ein Überlastungssyndrom, das aufgrund kurzfristiger Überforderung zu einer Arbeitspause zwingt. Betroffene machen immer wieder die Erfahrung, dass ein längerer Erholungsurlaub nur kurz Entlastung bringt und schon nach wenigen Tagen sich die gleiche Erschöpfung wieder einstellt.

Jeder Mensch verfügt über ein mehr oder minder ausformuliertes Lebenskonzept, orientiert sich an inneren Wertvorstellungen, die er vermittelt bekommen, sich angeeignet und weiterentwickelt hat. Je genauer diese reflektiert sind und je bewusster ein Mensch sich hierzu in Bezug setzt, desto sicherer ist er in seiner Selbsteinschätzung. Seine Motivation, sein Antrieb, sein Sich-Identifizieren mit Aufgaben und Zielvorstellungen, seine Kreativität und sein ganzer Lebensplan lassen sich aus der Reflexion der inneren Wertvorstellungen entwickeln.

Dieser geistige Bereich ist durch das Burnout gestört, weil die Energie, die notwendig ist, um reflexiv sein Handeln abzugleichen, nicht mehr vorhanden ist. Das Denken befindet sich quasi im Leerlauf, der Spannungsbogen, die Konzentration sind nicht mehr aufrechtzuerhalten.

> Ein Mathematiklehrer: «Ich konnte in einer bestimmten Situation nicht einmal mehr zwei und zwei zusammenziehen. Ich kam mir vor wie ein Hilfsschüler, was mir unheimlich peinlich war.»

Die Störungen betreffen die emotionale Kompetenz, die Selbstwirksamkeit und -achtsamkeit. Wahrnehmung, Interaktion und Kommunikation können gestört sein, Beziehungen werden nicht mehr als sicherer innerer Ort erlebt.

5.2.1 Störung der emotionalen Kompetenz

Die emotionale Kompetenz umfasst vier Fähigkeiten:

1. die Wahrnehmung von Emotionen bei sich selbst
2. die Wahrnehmung von Emotionen bei anderen
3. die Emotionsregulation bei sich selbst
4. die Emotionsregulation bei anderen

Im Burnout fällt es dem Betroffenen schwer, seine eigene emotionale Befindlichkeit achtsam im Blick zu behalten und in Bezug zu seinem Handeln zu setzen. Er kann dadurch die Angst vor Impulskontrollverlust entwickeln. Lehrer, die eher als zurückhaltend, feinfühlig und dem Kind zugewandt gelten, fühlen sich über Gebühr durch Fehlverhalten von Schülern oder forderndem Auftreten von Eltern provoziert. Sie reagieren unangemessen, indem sie beispielsweise Schüler anbrüllen, Eltern maßregeln oder vor der Klasse, vor dem Rektor oder am Elternabend weinend zusammenbrechen. Das Einfühlen in andere oder das Mitfühlen mit anderen – wichtige Fähigkeiten eines jeden Pädagogen – misslingen zunehmend, weil die Aufmerksamkeit zum Selbstschutz mehr nach innen gelenkt wird. Lehrer können immer weniger erfolgreich unterrichten, es fällt ihnen unsagbar schwer, mit der erforderlichen Beharrlichkeit und Ausdauer Schülerleistungen kontinuierlich zu verbessern, selbst gesteckte pädagogische Ziele konsequent zu verfolgen. Sie brechen unter den Belastungen des Schulalltags zusammen. Sie entwickeln oftmals eine regelrechte Angst, in die Schule zu gehen. Betroffene berichten, dass sie auf dem Weg zur Schule umgekehrt sind und sich zu Hause aus Scham, es nicht geschafft zu haben und Sorge, gesehen zu werden, quasi eingeschlossen haben.

5.2.2 Störung der Selbstwirksamkeit

«Zu wissen: was ich will, das schaffe ich auch – das ist Sebstwirksamkeit», bringt Schmitz[14] es kurz und knapp auf den Punkt. Derselbe Autor schreibt 2002,[15] wie mit Hilfe guter Selbstwirksamkeitserwartungen Burnout verhindert werden kann: «Wer Leidensdruck erlebt, kann nicht auf eine Verbesserung der Arbeitsbedingungen warten», konstatiert er und appelliert damit an die Selbstverantwortung des Lehrers.

Dem Verlust der emotionalen Selbstwirksamkeit kommt besondere Bedeutung zu, weil nur der Einzelne selbst erkennen kann, was ihn zufrieden stellt. Im Zustand von Burnout kann nicht mehr genügend Energie aufgebracht werden, um das Ziel der emotionalen Zufriedenheit innerhalb des Systems zu erreichen. Die Folgen mangelnder Sensibilität für die eigenen Bedürfnisse sind Frustration, Unzufriedenheit und Zynismus.

5.2.3 Störung der Selbstachtsamkeit

Burnout gefährdete Lehrer verlieren zunehmend ihre Selbstachtsamkeit. Es ist im klinischen Kontext immer wieder eindrucksvoll zu beobachten, wie weit sich der Einzelne von einer guten Selbstwahrnehmung entfernt hat, die das Hinspüren auf frühe Körpersignale, soziale Rückzugstendenzen, mentale Leistungseinbußen u.v.m. einschließt. Der Verlust von Lebensfreude, Antrieb und Motivation sind ernstzunehmende Hinweise auf die mangelnde Selbstachtsamkeit. Es wird zum Teil allein darauf geachtet, Anforderungen von außen zu erfüllen, um nur ja nicht aufzufallen.

Schlaf- und Essstörungen werden nicht ernst genommen, Arztbesuche vermieden, Fitnesstraining unterbleibt, ausreichende Entspannungsphasen und musisch-kreative Pausen werden nicht eingelegt. Banale Infekte werden nicht austherapiert und damit das Risiko eingegangen, dass sie sich zu ausgewachsenen Krankheiten verschlimmern. Stoffwechselentgleisungen werden ignoriert.

Ein Diabetiker sagte einmal: «Wenn ich nachts wach werde, habe ich Heißhunger, und da messe ich nicht erst meinen Blutzucker, sondern gehe an den Kühlschrank.» Die Gefahr eines metabolischen Syndroms mit Übergewicht, Bluthochdruck, Entgleisung von Blutzucker-, Fett- und Cholesterinwerten bedroht den Betroffenen vital.

5.2.4 Störung der Wahrnehmung

«Ohne sinnliche Erfahrungen, die ihre Grundbedürfnisse befriedigen, können Menschen nicht leben und glücklich werden. Das Gehirn ist darauf angewiesen, solche Erfahrungen zu machen.»[16] Jede Störung der Sinnlichkeit, die an Wahrnehmung und ihre Verarbeitung gebunden ist, nimmt dem Menschen ein zentrales Stück (Er-)Leben, schreibt hier Grawe. Und jeder, der Burnout erfahren hat, weiß um die grausame Konsequenz, die diese Aussage für den Betroffenen hat. Er erlebt sich nur mehr funktionierend, im schlimmsten Fall entseelt. Burnout und Glücklichsein schließen sich aus!

Aus den Erfahrungen der Kreativtherapien lassen sich Störungen der Wahrnehmung beschreiben, die sich bei einem Burnout finden können. Der Verlust der Kreativität und die Fähigkeit, innere Prozesse achtsam wahrzunehmen, zeigen sich bei der Kunsttherapie zum Beispiel als Schwierigkeit, sich überhaupt auf das freie Gestalten und Malen einzulassen. Gerade Patienten mit Burnout kann es schwerfallen, den ganzen Raum eines Blattes Papier auszufüllen oder großflächig zu malen, kräftige Farben zu wählen, konkrete Formen abzubilden. Die innere Konturlosigkeit spiegelt sich auf dem Papier wider. Der Mensch nimmt nicht mehr das Detail wahr, oder er sieht nur noch dieses und hat den Blick für das Ganze verloren. Er scheut die Spannung, die sich aus dem Konkreten ergibt, weil es etwas erkennbar macht, oder er versucht, so exakt und getreu wiederzugeben, dass jeder Interpretationsspielraum genommen scheint. Es wird sein Misstrauen deutlich, dass der Kunsttherapeut nicht mit Wohlwollen und Verständnis reagieren könnte. Er will ihn festlegen oder aber nichts von sich preisgeben. Er bringt selbst nicht mehr die Energie auf, genau hinzuschauen, sich Zeit zu lassen bei der Betrachtung. Der Betroffene ist gefährdet, Situationen fehl zu deuten, falsch einzuschätzen. Die erhöhte innere Anspannung lässt ihn schreckhaft werden.

Im Körpergedächtnis sind viele Erfahrungen gespeichert. Blockaden im Bewegungsablauf weisen auf einen gestörten Fluss der Emotionen hin. Diese Störungen können als Gefühlsstörungen in Teilbereichen der Haut sichtbar werden. Chronische Schmerzen als körperlicher Ausdruck permanenter Dauerüberlastung führen zu sehr hartnäckigen Bewegungseinschränkungen, die sich während der Auseinandersetzung mit inneren Konflikten verstärken können und nicht allein krankengymnastisch zu beheben sind. Die Schwierigkeit, sich in Beziehungen abzugrenzen, bzw. ein überhöhtes Bedürfnis nach Abgrenzung drücken sich körpersprachlich in Nähe und Distanz zum Therapeuten bzw. Mitpatienten aus. Gestik und Mimik signalisieren Vorsicht, Misstrauen und Schutzbedürfnis. Verstärkte Geruchs- und Geschmackswahrnehmung und ihre Verbindung zu Gefühlen z. B. des Ekels weisen auf die Speicherung von intensiven aversiven Erfahrungen hin, die sich im Burnout nicht mehr zurückdrängen lassen. Der Verdrängungsprozess bis hin zum Verleugnen traumatischer Ereignisse dient dem Schutz vor Erinnerungen und kostet sehr viel Energie. Sie kann im Burnout eventuell nicht mehr aufgebracht werden, und der Betroffene ist seinen Erfahrungen plötzlich hilflos ausgeliefert. Kindlich-distanzloses Verhalten von Schülern kann zur Qual, ungeschickte Bewegungen können fehlgedeutet werden.

Das Hören zählt zu unseren frühesten Wahrnehmungen im Mutterleib. Störungen führen zu einer mehr oder weniger starken Beeinträchtigung der verbalisierten Kommunikation. Der Gehörlose ist von dieser ausgeschlossen. Die Beeinträchtigung, z. B. bei Tinnitus oder dem Verlust des Richtungshörens mit der Unfähigkeit, eine Geräuschquelle räumlich zuordnen zu können, verlangen eine permanent erhöhte innere Grundspannung. Der mit dem

Burnout verbundene soziale Rückzug verstärkt sich noch. Genau hinzuhören, zuzuhören, die feinen Schwingungen der menschlichen Sprache zu registrieren, mit denen emotionale Beteiligung ausgedrückt wird, ist zu anstrengend. Es geht die Lebendigkeit der Sprache, der Anteilnahme, des Teilnehmens verloren, der Mensch fühlt sich ausgeschlossen, vereinsamt.

5.2.5 Störung der Interaktionen

Miteinander in Beziehung zu treten, Beziehungen aktiv mitzugestalten zählt unbenommen zu den Kernaufgaben und -kompetenzen eines Pädagogen. Im Burnout zieht sich der Erkrankte immer mehr zurück, wird im Gruppengeschehen wie zum Beispiel in Konferenzen unscheinbar zurückhaltend, wehrt sich nicht gegen Überforderung, um den Konflikt zu vermeiden, der entstehen könnte, wenn er nein sagt. Er isoliert sich, weil jede Kontroverse ihn überanstrengt. Kooperation fällt ihm immer schwerer, weil sie oftmals mit Diskussionen über scheinbar nichtige Aspekte einhergeht, unterschiedliche Sichtweisen ausdiskutiert werden müssen. Ambivalenzen auszuhalten und Entscheidungen reifen zu lassen fällt immer schwerer. Daher reagiert der Betroffene zunehmend gereizter und unter Umständen autoritär. In der Folge wird er immer seltener hinzugezogen, seine Meinung wird wegen seines Zynismus nicht mehr gefragt. Die Arbeit nimmt einen übergroßen Stellenwert für ihn ein, die Pflege von Freundschaften ist ihm zu anstrengend, das Familienleben leidet. Lebensfreude hat einen deutlich randständigen Stellenwert in der Lebensgestaltung des Burnout-Erkrankten.

5.2.6 Störung in der Kommunikation

Um Kraft zu sparen, zieht sich der Betroffene in der Selbstreflexion und der Suche nach gelingender Anpassung zurück. Er vermeidet es, seine Ideen, Wünsche und Vorstellungen offen zu kommunizieren, weil er die hiervon ausgelösten Diskussionen scheut. Damit wird eine gelingende Realisierung eigener Vorstellungen unwahrscheinlich.

Dem Gespräch entzieht sich der Burnout-Erkrankte aus Angst, nicht die richtigen Worte zu finden, zu stottern, einer Diskussion mental nicht folgen zu können, weil er zu abgespannt und unkonzentriert ist. Kommunikation wird reduziert auf das für ein Funktionieren im System unmittelbar Notwendige. Affektive Beteiligung und emotionale Schwingungsfähigkeit, die für eine überzeugende Argumentation und Verteidigung eigener Interessen wichtig sind, fehlen. Gefühle des Versagens und der Frustration sowie das Erleben, in den eigenen Interessen nicht berücksichtigt zu werden, verstärken Missmut und Rückzugsverhalten, Demotivation und Interesseverlust.

Es findet kein Smalltalk mehr statt, Gesprächsinhalte reduzieren sich auf berufliche Themen, die oftmals klagend vorgetragen werden. Kontroversen können nicht mehr ausgefochten werden, es fehlen die Argumente, ein Dialog verstummt sehr bald.

5.2.7 Verlust von Beziehung als sicherem inneren Ort

Um Beziehung als sicheren Ort bilden zu können, was für Lehrer im Kontakt mit ihren Schülern eine ganz wichtige Aufgabe ist, sind die drei psychologischen Grundbedürfnisse wichtig: sich einbringen, dazugehören und handeln zu wollen. Diese sind jedoch im Burnout erheblich beeinträchtigt. Durch die oftmals depressive Grundstimmung, das gesteigerte Bedürfnis, alle Energie für die Arbeit bzw. die Pflichterfüllung aufzusparen, engt sich der kreative Bewegungsspielraum ein. Es geht die erworbene Vertrautheit mit der Umgebung verloren, manchmal wird ein Gefühl der Fremdheit und der gesteigerten inneren Anspannung in der eigenen Wohnung bis hin zur Schreckhaftigkeit beschrieben. Werden die sozialen Kontakte vernachlässigt, wird das Gefühl dazuzugehören seltener erfahren. Es macht einem Gefühl der Einsamkeit und Schutzlosigkeit sowie einem Sich-verloren-Fühlen Platz. Durch den Verlust von Kreativität und Initiative leidet die Handlungsfähigkeit, und es ist oft nur noch möglich, mit Hilfe einer antrainierten Routine das Leistungspensum zu erfüllen. Enthusiasmus und Begeisterungsfähigkeit sind dem betroffenen Lehrer gänzlich verloren gegangen. Die für die Bildung von Beziehung als sicherem Ort wichtigen Eigenschaften Achtsamkeit, Geborgenheit und Sicherheit übersteigen die Kräfte des Ausgebrannten. Und damit ist eine wesentliche Grundvoraussetzung für erfolgreiches pädagogisches Arbeiten verloren gegangen.

5.3 Symptombildung und Persönlichkeitsveränderung

Die Entwicklung eines Burnout betrifft in der Regel einen Zeitraum von meist mehreren Jahren der Arbeitsüberlastung. Das Burnout-Risiko steigt bei einer Wochenarbeitszeit von über 50 Stunden deutlich an, bei massiver Belastung reichen sogar schon wenige Wochen, wie neuere Studien zeigen. Zwangsläufig ist die Persönlichkeitsentwicklung von der übermäßigen Arbeitsbelastung betroffen.

Der Versuch, der Abwärtsspirale einer Burnout-Erkrankung mit eigenen Mitteln und Möglichkeiten zu entrinnen, verlangt eine verstärkte Auseinandersetzung mit der eigenen Autonomie, die jedoch gerade von der hiermit einhergehenden Vereinsamung überfordert wird. Das Bewusstsein der Selbstwirksamkeit und die Chance zur Selbstaktualisierung in Schule und Freizeit treten zurück. Autonomie wird von dem Betroffenen zunehmend als Notwendigkeit, ohne Hilfe anderer auskommen zu müssen, verstanden. Dies muss misslingen, der verinnerlichte Selbstanspruch, sich als soziales Wesen zu definieren, steht im Widerspruch zum gelebten Handeln. Hieraus erwachsen wiederum Insuffizienzerleben und Selbstwertstörung. Der Fokus, der einmal auf der Pflege von Beziehungen und der Übernahme von Beziehungsverantwortung gelegen hat, verschiebt sich zum Selbstschutz auf das Erfüllen von Leistungsanforderungen aus Scham- sowie Verantwortungsgefühlen. Das Selbstverständnis ändert sich, und damit treten bei einem Menschen mit hohem sozialem und ethischem Verantwortungsbewusstsein zwangsläufig Gewissenkonflikte auf. Solange er diese als unerträglich wahrnimmt, bilden sich Symptome als Ausdruck vermehrter innerer Konfliktspannung. Hat der Erkrankte sich erst einmal arrangiert, hat er sein Selbst so weit verbogen, dass es für ihn zu einer neuen Normalität geworden ist, dann leiden vor allem seine Mitmenschen, denen er infolge seiner Veränderung fremd geworden ist. Er selbst kann keine Veränderungen erkennen, da sie für ihn Teil seiner Persönlichkeit geworden sind, nahestehende Menschen müssen ihm diese erkennbar machen. Nur sie nehmen den Unterschied zwischen der unbeschadeten Persönlichkeit von früher zur jetzigen verformten wahr und können ihn damit konfrontieren.

Der Blick der ausgebrannten Persönlichkeit ist verstärkt darauf gelenkt, sich nichts anmerken zu lassen und zu funktionieren. Seine emotionale Schwingungsfähigkeit und seine soziale Kompetenz sind reduziert, es kann keine Begeisterung mehr auf die Schüler überspringen. Darunter leidet insbesondere die pädagogische Arbeit:

- Der Betroffene verliert seine emotionale Intelligenz, die ihn zur Selbstregulation eigener Wahrnehmungen und Emotionen sowie zur Empathie befähigt und ermöglicht, situations- und kindgerecht angemessen zu fordern und auch zu schonen, liebevoll sich zuzuwenden und mit Beharrlichkeit und Achtsamkeit zu fördern.
- Er fühlt sich überanstrengt von alltäglichen Konflikten und vermeidet einzuschreiten oder reagiert autoritär.
- Er lässt sich weniger berühren von Problemen der Kinder oder leidet über Gebühr mit.
- Er ist geneigt, allein auf Leistungsergebnisse abzuheben bzw. sich darauf bei der Beurteilung zurückzuziehen, weil er hier weniger angreifbar scheint.

Die mit dem Burnout einhergehenden Veränderungen lassen den Betroffenen zu einer zynischen Persönlichkeit werden, die Menschen eher meiden. Von Eltern wird er als rechthaberisch und arrogant wahrgenommen, im Kollegium als Eigenbrödler. In unvorhergesehenen Situationen, die er weder zu steuern noch zu kontrollieren vermag, wird ihm die Unangemessenheit seiner Reaktionen unter Umständen auch selbst bewusst und er erschrickt über sich selbst.

5.4 Vier Phasen der Burnout-Entwicklung

Es lassen sich verschiedene Stufen der Burnout-Entwicklung, auch «Schwelbrand der Seele» genannt, beschreiben, die unterschiedliche therapeutische Interventionen erfordern (siehe Tabelle 1).

Tabelle 1: Burnout-Entwicklung

Phasen der Burnout-Entwicklung	Therapie
1. Phase nach Beginn des chronischen Stresses (bis zu einem halben Jahr)	**1. Phase**
Bis zu einem halben Jahr nach dem auslösenden Konflikt im Arbeitsumfeld gelingt es, ohne erkennbare Belastungen scheinbar schadlos weiter zu machen. Allen ungelösten Konflikten gemeinsam ist, dass sie mit starken Affekten verbunden waren und nicht befriedigend verarbeitet werden konnten. Hierfür fehlte die Zeit, andere Aufgaben wurden vorrangig erledigt.	Erkennen der auslösenden Situation und Beheben der daraus folgenden Belastung in der systemischen Einzelberatung. Die Lösung liegt in der Persönlichkeit selbst, sie nimmt sich die erforderliche Zeit zur Lösungssuche und erfährt die ungeteilte Aufmerksamkeit des Beraters sowie Rat und erweiternde alternative Lösungsmöglichkeiten.
2. Phase des «So tun als ob» (ca. 2 Jahre)	**2. Phase**
Der auslösende Konflikt wird vergessen. Es wird versucht, ohne Verarbeitung auszukommen, sich zu arrangieren und die negativen Auswirkungen durch vermehrte Leistung und oft überangepasstes Verhalten nicht nach außen dringen zu lassen. Der innere Konflikt schwelt weiter. Die Arbeitsfreude, Kreativität und Schaffenskraft gehen verloren.	Herausarbeiten der auslösenden Situation und ressourcenorientierte Bearbeitung der Auswirkungen in der systemischen Einzelberatung, ggf. ergänzt durch eine Paarbehandlung. Es wird auf eine Stärkung der emotionalen Intelligenz fokussiert, die für das seelische Gleichgewicht wichtigen Beziehungen werden aktiviert. Für Lebensfreude und kreative Schaffenskraft wird Raum geschaffen, um sich mit mehr Selbstvertrauen den ungelösten Konflikten zu stellen.

5.4 Vier Phasen der Burnout-Entwicklung

Phasen der Burnout-Entwicklung	Therapie
3. Phase der zunehmenden Erkrankungshäufigkeit (ca. 2 bis 5 Jahre)	**3. Phase**
Anzeichen einer psychovegetativen Erschöpfung führen immer häufiger zum Arzt und zu Arbeitsausfällen. Selbst scheinbar banale Infekte zwingen zu intensiverem medizinischem Eingreifen und heilen nur langsam. Gesundheitssorgen nehmen zu. Arbeitsbelastbarkeit und -leistung lassen erheblich nach, lassen Konstanz und Zuverlässigkeit in immer bedrohlicherem Umfang missen.	Psychosomatische Diagnostik und systemische Therapie zur Herausarbeitung chronischen Stress verursachender Belastungssituationen und ihrer Folgen für die Gesundheit in allen vier Lebensbereichen; einzeln oder mit dem Partner bzw. der Partnerin. Ergänzt wird dies um Entspannungstraining und eventuell Kreativtherapie. Die Selbst- und Körperwahrnehmung müssen intensiv gestärkt werden, begrenzte Auszeiten mit professionell geleiteter Selbstreflexion schützen die Persönlichkeit vor Profilverlust, nehmen Gesundheitsängste, ermöglichen Selbstfürsorge.
4. Phase des Zusammenbruchs	**4. Phase**
Es kommt aus einem scheinbar nichtigen Anlass zum Zusammenbruch. In diesem Stadium erkennt der Betroffene nicht mehr den Zusammenhang mit dem auslösenden Konflikt, es haben sich neue ungelöste Konfliktfelder aufgetan, der «Schwelbrand ist ausgebrannt».	Multimodale tagesklinische oder klinische psychotherapeutische Behandlung, die sechs bis zwölf Wochen dauert. Es schließt sich eine längere Phase der ambulanten Therapie zur Stabilisierung des Erreichten an. Oftmals gelingt es so, zu einer wirklichen Neuorientierung im Selbstverständnis zu gelangen.

Mit dem Grad der Burnout-Entwicklung verändern sich die erforderlichen therapeutischen Interventionen. Während es in der ersten Phase ausreicht, den unverarbeiteten Konflikt herauszuarbeiten und aufzulösen, ist in der zweiten Phase der Entwicklung schon erheblich stärkere therapeutische Aufmerksamkeit geboten. Diese sollte nicht nur den beruflichen Kontext reflektieren, sondern auch eine Stärkung der emotionalen Ressourcen, die sich aus der Familie und dem Freundeskreis ergeben, mit einbeziehen. Erforderliche Korrekturen in der Ausbalancierung von Anspannung und Entspannung, von Abgrenzung gegen Überforderung sowohl im schulischen wie auch im privaten Kontext sind vorzunehmen. Hierzu sind neben einem verbesserten Konfliktmanagement intensive Aufmerksamkeit und ausreichend Zeit für die Auseinandersetzung mit Veränderung erforderlich.

Diese nimmt noch deutlich in der dritten Phase zu. Die Überforderungsreaktionen zeigen sich in allen vier Lebenskontexten: dem Selbst, der Familie und dem Freundeskreis sowie der Arbeitswelt. Es ist angesichts der fortgeschrittenen Symptomatik oftmals unvermeidlich, sich krankheitsbedingte Auszeiten zu nehmen, um mit aller Intensität notwendige Veränderungen erreichen zu können.

In der vierten Phase ist eine multimodale klinische Behandlung erforderlich, um die eingetretenen Störungen in der Persönlichkeitsentwicklung zu erfassen, aufzulockern und Veränderung anzustoßen. Eine ambulante Weiterbehandlung ist unabdingbar, um das Erreichte abzusichern und weiterzuführen. Nur so kann die tiefe Selbstwertstörung dauerhaft günstig beeinflusst werden. Hier ist zu erwähnen, dass die Zeiträume für die Entwicklung des Vollbildes eines Burnout, in Abhängigkeit von der jeweiligen Situation, die den chronischen Stress verursacht, durchaus auch kürzer sein können.

5.5 Gleichzeitigkeit von körperlichen und seelischen Prozessen

Die biopsychologischen Zusammenhänge typischer Stress-Erkrankungen sind für die Diagnose und Therapie des Burnout-Syndroms wesentlich. Die moderne medizinische Wissenschaft vermag heute den Weg nachzuzeichnen, der von chronischem Stress zu körperlichen Symptomen unterschiedlicher und zum Teil großer Tragweite führt (siehe Tabelle 1).

Prinzipiell sind die auf eine akute Situation sofort anspringenden Hormone Adrenalin und Noradrenalin vom Cortisol zu unterscheiden. Erstere haben eine Halbwertszeit von 3 bis 5 Minuten, und die Speicher der Nebennierenrinde, die diese beiden Stresshormone ausschüttet, sind nach einer Viertelstunde erschöpft. Dadurch ist auch jede Panikreaktion spätestens nach dieser Zeit vorbei. Cortisol hingegen hat eine Halbwertszeit von bis zu 90 Minuten und wird als Reaktion auf chronischen Stress verstärkt aufgebaut. Stress aktiviert ein Corticotropin-releasing-Hormon-Gen, das seinerseits die Corticotropin-Releasing-Hormon-Produktion (CRH-Produktion) anregt. Hierdurch entstehen innere Unruhe und Angst, der Appetit sinkt oder steigt, der Blutdruck steigt, es bilden sich gegebenenfalls rote Flecken im Gesicht und am Hals. Gleichzeitig werden von der Nebennierenrinde vermehrt Adrenalin und Noradrenalin ausgeschüttet. Dies hat zur Folge, dass die Herzleistung und Pulsfrequenz zunehmen, sich der Kreislauf und die Atmung beschleunigen. Der Anstieg des CRH aktiviert das Proopiomelanocortin-Gen (POMC-Gen), wodurch es zu einer gesteigerten POMC-Produktion kommt. Diese stimuliert die Ausschüttung des Adrenocorticotropen Hormons (ACTH) in der Hirnanhangdrüse mit konsekutiver Ausschüttung von Cortisol. Dies bedingt wiederum einen Abfall der Sexualhormone, der Zeugungs- und der Empfängnisfähigkeit sowie eine Störung der Libido, es kommt zu einer gesteigerten Frühgeburtsneigung. Die Wundheilung verschlechtert sich, das Immunsystem wird geschwächt, was sich in Form gehäufter Infekt- sowie Erkältungskrankheiten und Herpesbildung zeigt. Langfristig kommt es zu Gedächtnisstörungen und einer radiologisch nachweisbaren Verkleinerung von Gehirnstrukturen, die rückbildungsfähig ist, wenn der Cortisolspiegel wieder dauerhaft absinkt. Die Rückbildung der organischen Verkleinerung bedarf einer längeren Zeit.

Auch hieran lässt sich die Notwendigkeit erkennen, bei eingetretenem Burnout ausreichend lange zu behandeln. Verfolgt man den Verlauf unterschiedlicher Störungen, wird auch klar, dass zum Beispiel die Einnahme von Testosteron, wenn der Hormonspiegel erst einmal stressbedingt abgefallen ist, nicht den erwünschten Erfolg auf die Libido haben kann. Ebenso wenig sinnvoll ist es, Schlafmittel über längere Zeit zu verordnen, ohne eine Lösung für den überhöhten Stress zu suchen. Vielmehr wird

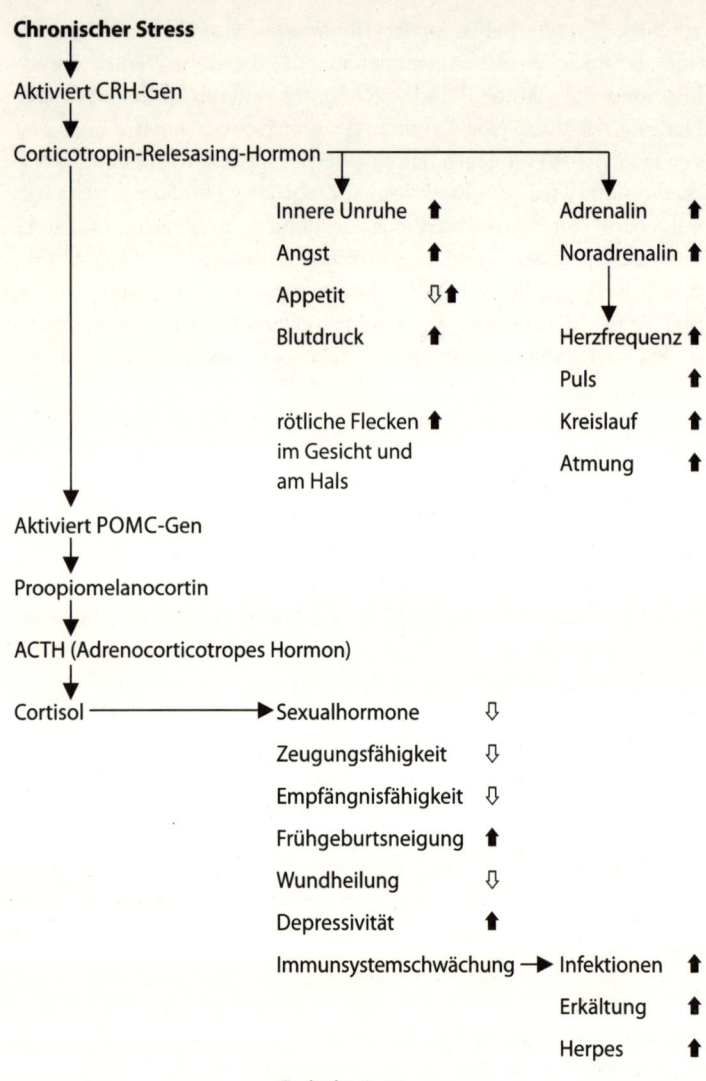

Abbildung 2: Die Gleichzeitigkeit von seelisch erlebtem Stress und körperlicher Reaktionsbildung

höchstens eine Abhängigkeit riskiert. Auch Antidepressiva und Angst lösende Medikamente helfen nicht ausreichend, solange die überfordernde Belastung nicht grundsätzlich eingeschränkt wird. In einer Psychotherapie wird angestrebt, Sinnzusammenhänge zu erschließen, innere Haltungen zu überprüfen und Verhaltensweisen zu korrigieren.

Es erklären sich über den in Abbildung 2 dargestellten biopsychologischen Weg typische Stresskrankheiten wie Bluthochdruck, Herzinfarkt, Gehirnschlag, Magengeschwür, Neurodermitis etc., für die es selbstverständlich auch andere (Mit-)Ursachen gibt. Auch die Entstehung und Verschlimmerung von Depressionen und Angsterkrankungen werden durch chronischen Stress direkt gefördert.

Stress kann ebenfalls ursächlich für eine Frühgeburtsneigung sein. In diesem Fall ist die Verordnung strenger Bettruhe eine wichtige Intervention. Gerät die werdende Mutter hierdurch jedoch unter erhöhten Stress, weil sie sich beispielsweise als Alleinerziehende auch noch um kleine Kinder kümmern muss und sich von dieser Verantwortung stark unter Druck gesetzt fühlt, reicht die Verordnung von Bettruhe alleine nicht. Weitergehende psychosoziale Hilfestellungen zur Entlastung wie die Gewährleistung, dass die eigenen Kinder gut versorgt werden, sind erforderlich.

6. Mobbing

Nachdem zunächst die Arbeitssituation von Lehrern sowie im Anschluss Symptomatik und Verlauf von Burnout ausführlich beschrieben wurden, gilt es, Mobbing als eine besonders gravierende Ursache des Syndroms darzustellen.

Wenn wir uns mit dem Thema Gewalt an Schulen auseinandersetzen, dürfen wir nicht die Augen davor verschließen, wie diese unter Lehrern selbst und in der Schule als System in Form von Mobbing ausgeübt wird. Diese perfide Form der Entwürdigung einer Persönlichkeit am Arbeitsplatz findet sich insbesondere in sozialen Systemen und führt fast zwangsläufig zu einem Burnout bzw. zu anderen schweren seelischen Erkrankungen. Die Missachtung und Ausgrenzung, die ein Mobbing-Opfer erlebt, kann als soziale Gewalt bezeichnet werden.

Im «Mobbing-Report»[17] der Bundesanstalt für Arbeitsschutz und Arbeitsmedizin heißt es: «Unter Mobbing ist zu verstehen, dass jemand am Arbeitsplatz über einen längeren Zeitraum schikaniert, drangsaliert oder benachteiligt und ausgegrenzt wird.» (S. 19)

Mobbing reicht von Verleumdung und Spott über gezielte Benachteiligungen im Beruf bis hin zu Misshandlungen – und das über einen längeren Zeitraum hinweg. «Für 2000 kann ermittelt werden, dass insgesamt 5,5 % der erwerbstätigen Bevölkerung im Laufe des Jahres von Mobbing betroffen waren. ... Somit ist ca. jede neunte Person im erwerbsfähigen Alter schon mindestens einmal im Verlaufe ihrer Erwerbstätigkeit gemobbt worden.»[18] Wenn wir davon ausgehen, dass in den Grundschulen über 80 % des Lehrkörpers Frauen sind, so wäre hier infolge einer höheren Betroffenheit von Frauen vermehrt mit Mobbing-Opfern zu rechnen.[19] Die Deutsche Angestellten Gewerkschaft geht davon aus, dass ca. 10 % aller Selbstmorde auf Mobbing zurückzuführen sind oder zumindest in einem deutlichen Zusammenhang damit stehen. Angesichts dieser Zahlen ist davon auszugehen, dass in jeder Schule Mobbing auftritt. Diese Tatsache zu leugnen, bereitet geradezu den Nährboden für die weitere Entwicklung sozialer Gewalt.

6.1 Ursachen von Mobbing

Die Ursachen für Mobbing liegen in den sehr harten sozialen Strukturen an vielen Arbeitsplätzen sowie in den Machtverhältnissen, die in Betrieben herrschen. Schwerwiegende organisatorische Schwachstellen und Managementfehler erzeugen überlastende Vorgaben und Stress, die zu Frust und Konflikten führen. Auch Nicht-Anerkennung von geleisteter Arbeit, Angst vor Jobverlust, Überforderung am Arbeitsplatz und Konkurrenzängste begünstigen das Klima für Mobbing.

Die Überfrachtung der Schulleitung mit ministeriellen Anordnungen und die immer höheren Anforderungen an die Schule machen ihr ein besonnenes Konfliktmanagement unmöglich. Können die notwendigen Veränderungen, die sich aus der Arbeit vor Ort ableiten, nicht umgesetzt werden, droht der Zwiespalt zwischen Anspruch und Wirklichkeit den Einzelnen zu zerreißen. Dies führt zu Unzufriedenheit und Missmut, die sich intrapsychisch oder im Kollegium gegen einen Einzelnen richten können.

Gefährdet sind insbesondere Menschen, die durch weitere psychische Belastungen in anderen Lebensbereichen in ihrer inneren Aufmerksamkeit abgelenkt sind und daher nicht früh genug im Arbeitsumfeld reagieren und sich wehren. Sie beziehen das Gefühl von Ausgrenzung und Abwertung allzu leicht auf die Mehrfachbelastung und sind geneigt, ihre Leistung für unzureichend zu halten. Betroffen sind vermehrt auch körperlich und/oder seelisch Behinderte.

6.2 Verlauf von Mobbing

Im Mobbing-Report[20] werden als die acht häufigsten Mobbing-Handlungen beschrieben:

Gerüchte und Unwahrheiten werden über einen Lehrer verbreitet, um sein soziales oder fachliches Ansehen zu diskreditieren. 61,8 %
Arbeitsleistungen werden falsch bewertet oder lächerlich gemacht. 57,2 %
Sticheleien oder Hänseleien, Sich-lustig-Machen über persönliche Probleme oder Krisen, die das Opfer bloßstellen. 55,9 %
Verweigerung wichtiger Informationen und Ausschluss vom Informationsfluss führen dazu, dass das Opfer nicht wissen kann, wie es richtig handeln kann, was es wann tun soll, was zu vermehrten Fehlleistungen und Frustration führt. 51,9 %
Die Arbeit wird massiv und ungerecht kritisiert, wodurch die fachliche und berufliche Kompetenz eines Lehrers abgewertet wird. 48,1 %
Das Opfer wird von sozialen Aktivitäten im Kollegium ausgegrenzt. 39,7 %
Das Opfer wird als unfähig dargestellt mit negativen Auswirkungen auf das fachliche und soziale Ansehen. 38,5 %
Das Opfer erfährt verletzende und entwürdigende Beleidigungen. 36,0 %

Eine ausführliche Beschreibung von insgesamt 45 unterschiedlichen Mobbing-Handlungen findet sich bei Leymann.[21] Er unterteilt diese in:

1. Angriffe auf die Möglichkeiten, sich mitzuteilen
2. Angriffe auf die sozialen Beziehungen
3. Auswirkungen auf das soziale Ansehen
4. Angriffe auf die Qualität der Berufs- und Lebenssituation
5. Angriffe auf die Gesundheit

Das folgende Verlaufsmodell richtet sich in modifizierter Form nach Leymann:

Erste Phase: Der Mobbing-Konflikt eskaliert

Das Mobbing-Opfer erleidet einzelne Unverschämtheiten und Gemeinheiten.

Zweite Phase: Übergang zu Mobbing und Psychoterror

Die Expositionszeiten liegen durchschnittlich bei über einem Jahr: immer weiter fortschreitende Deformierung des sozialen Verhaltens von MobberInnen und Gemobbten, wobei die Letzteren zeitweilig auch in ein selbstdestruktives Verteidigungsverhalten hineingetrieben werden. Es kommt zu einer Stigmatisierung des Opfers. Dieses versucht, sich durch überfordernden Leistungseinsatz dem Mobbing zu entziehen.

Dritte Phase: Rechtsbrüche durch Über- und Fehlgriffe der Personalverwaltung

Der Arbeitgeber schreitet ein. Häufig versucht ein Management, das der Situation nicht gewachsen ist, die Leiden des stigmatisierten Opfers zu ignorieren; und zwar durch bestrafende Versetzungen, den Beschluss, dem/der Betroffenen einfach keine Arbeit mehr zuzuweisen, oder über den Versuch der Kündigung.
Traumatische Erlebnisse, die zu großer Existenzangst und Verzweiflung führen, mehren sich bei dem Gemobbten.

Vierte Phase: Fehldiagnosen und kränkende Persönlichkeitsbefunde

Das Opfer kommt in Kontakt mit ÄrztInnen und PsychologInnen. Da von beiden Berufsgruppen der soziale Hintergrund des Psychoterrors konzeptionell oft nicht erfasst wird, kommt es häufig zu Fehldiagnosen oder das Opfer kränkenden Persönlichkeitsbefunden. Damit verstärkt sich der subjektive Eindruck beim Betroffenen, infolge einer seelischen oder persönlichen Insuffizienz selbst schuld an der Opferrolle zu sein. Es kommt mit anderen Worten zu einer iatrogenen, also einer durch ärztliche Behandlung hervorgerufenen Traumatisierung, und einer Zunahme des Unwertgefühls, der Selbstwertstörung etc.

Fünfte Phase: Ausschluss aus der Arbeitswelt

Ausgrenzung des Opfers aus dem Arbeitsleben, was oft gleichbedeutend mit der Ausgrenzung aus der Gesellschaft ist, durch

- Abschieben und Kaltstellen
- Mehrere Versetzungen nacheinander
- Einlieferung in eine Nervenheilanstalt
- Abfindung
- Langfristige Krankschreibung
- Frührente

Mobbing beeinträchtigt die physische und psychische Gesundheit des Lehrers. Die Opfer leiden unter psychosomatischen Störungen, Schlaflosigkeit, Kopfschmerzen. Mobbing kann bei sensiblen Menschen zu Depressionen, Angstzuständen und im Extremfall zum Selbstmord führen. Insbesondere die Entwicklung eines Burnout als Reaktion auf das Mobbing führt oft zu fatalen Folgen bis hin zur Frühpensionierung. Der Betroffene hat sich über lange Zeit in dem Bemühen, mit seinen eigenen Möglichkeiten gegenzusteuern und zu zeigen, dass Vorwürfe zu Unrecht gemacht werden, völlig verausgabt. Tiefe Selbstwertkrisen sind die fast zwangsläufige Folge. Fatal an der Entwicklung ist, dass das Opfer auf Schmähungen, Nicht-Beachtung, Entwertung und Missachtung der eigenen Tätigkeit wie auf sachliche Kritik oft mit erhöhter Arbeitsbereitschaft reagiert. Der Betroffene kann nicht verstehen, dass seine Kollegen und Vorgesetzten ihm absichtsvoll derart entwürdigend begegnen. Das kann zur völligen Verausgabung und Erschöpfung führen.

6.3 Die Folgen von Mobbing

Mobbing-Opfer erkennen sehr häufig den Anfang des Ausgrenzungsprozesses nicht und haben keine Erklärung, weshalb sie von den Vorgesetzten und Kollegen so feindselig behandelt werden. Die in der Folge durch den fortwährenden Stress ausgelösten körperlichen Beschwerden werden oft auch nicht mit den Konflikten am Arbeitsplatz in Verbindung gebracht und können sich so im Laufe der Zeit zu manifesten Krankheiten ausbilden. Setzt sich Mobbing über den auslösenden Konflikt hinaus fort, hat der Betroffene kaum Chancen, diesen Prozess aus eigener Kraft zu beenden. Demzufolge sollten körperliche Beschwerden bei anhaltenden Spannungen am Arbeitsplatz sehr ernst genommen werden.

Es gilt, therapeutisch das Selbstwertgefühl des Opfers wieder zu stärken. Dem Betroffenen muss deutlich gemacht werden, dass er angegriffen wird, um mit ihm gemeinsam Wege zu erarbeiten, aus der Passivität herauszufinden und wieder zu einer effizienten Konfliktaustragungsfähigkeit zu gelangen. Hierfür gilt es, mit dem Opfer zunächst genau einzugrenzen, wer ihn in welcher Form angreift. Erst dann können sich realistische Chancen für Lösungen ergeben. Dabei können Handlungsalternativen für interne Lösungen gefunden werden, es kann jedoch auch ein Antrag auf Versetzung die Ultima Ratio sein.

Je nach der Bedeutung, die der Arbeitsplatz für einen Menschen sozial wie persönlich hat, lassen sich Störungen in unterschiedlicher Ausprägung von Missempfindungen und nachlassender Lebensfreude bis hin zu schweren psychosomatischen Störungen, Burnout und für das Opfer gefährlichen Selbstwertkrisen erkennen.

Wir haben es insgesamt mit einem umfassenden Kompetenzverlust zu tun: Die fachliche, soziale, interaktionelle und berufliche Kompetenz wird durch Mobbing-Erfahrungen massiv gestört. Je ausgeprägter die Störung insbesondere im Bereich der interaktionellen Kompetenz ist, desto eher müssen wir mit einer erheblichen Störung des seelischen Gleichgewichtes rechnen.

Fachliche Kompetenz   Die fachliche Kompetenz wird streitig gemacht. Es werden z. B. Anforderungen gestellt, die entweder widersprüchlich sind, durch Art und Umfang oder wegen fehlender apparativer Voraussetzungen unmöglich zu erfüllen sind. In dem Bemühen, dennoch dem Leistungsdruck gerecht zu werden, wird das Opfer förmlich in die Knie gezwungen. Das Abschneiden vom Informationsfluss und teilweise sogar mutwillige Zerstören von Arbeitsergebnissen, zum Beispiel von Datenbanken im Computer bzw. durch Datenklau, und nicht einzuhaltende Terminvorgaben sind weitere Vorgehensweisen, mit denen das Opfer in die Enge getrieben wird. Dem einzig durch mehr Arbeit und erhöhte Leistung zu begegnen geht auf Kosten der Gesundheit, der Selbstwahrnehmung und nicht selten auch der Partnerschaft. Der Verlust der in der fachlichen Kompetenz begründeten Souveränität führt zu erheblicher Verunsicherung. Das Opfer ist sich seines Wissens nicht mehr sicher, es kennt sich selbst nicht mehr.

Berufliche Kompetenz   Die berufliche Kompetenz, die durch Erfahrung erworben wird und durch Routine zu einer Arbeitserleichterung führt, geht verloren. Es gelingt immer weniger, größere Arbeitszusammenhänge und Interdependenzen, die nicht unmittelbar die zu erledigenden Arbeiten betreffen, diese aber mitbestimmen, zu erkennen und angemessen und souverän auf Störungen zu reagieren. Der Verlust der Kontextgrenzen wirkt sich fatal aus. Das Mobbing-Opfer kommt sich wie ein Anfänger vor, worin es durch zunehmende Fehlleistungen noch bestärkt wird. Da es sehr wohl überblickt, welche Anforderungen sein Beruf an es stellt, wird es versuchen, auf Kosten seines Privatlebens und der erforderlichen rekreativen Pausen zu kompensieren und nach außen so zu tun, als ob alles in Ordnung wäre.

Es erfüllt leidenschaftslos seine Arbeit, sein Ehrgeiz bleibt unbefriedigt und egoistisch versucht es, den sozialen Kontext, seinen sicheren Ort, zu festigen anstatt für die Schüler einen sicheren Ort zu bilden.

Soziale Kompetenz   Durch lang andauernden Ausschluss aus dem Kollegenkreis verliert das Opfer seine soziale Kompetenz für diesen Soziokontext. Schließlich nimmt die Fehlerhäufigkeit zu, Entscheidungen werden unprofessioneller getroffen, die Arbeitsqualität nimmt ab u. v. m. Hierauf wirkt es sich ebenso nachteilig aus, wenn jemandem durch Überforderung die Zeit und Gelegenheit genommen wird, sich am sozialen Leben zu beteiligen. Insbesondere Einzelgänger sind gefährdet, ihre meist schon geringe soziale Kompetenz gänzlich zu verlieren und zunehmend misstrauisch zu werden. Beleidigungen, Unwahrheiten und Gerüchte verstärken den Verlust der sozialen Sicherheit und Selbstwirksamkeit. Der betroffene Lehrer versteht es immer weniger, eine positive Grundstimmung und damit eine günstige Lernatmosphäre zu schaffen. Er schafft es angesichts der eigenen Verunsicherung nur mit immer größerem inneren Aufwand, für einen Schüler auf der Beziehungsebene einen sicheren Ort zu bilden. Er fühlt sich schnell überfordert von den Beziehungsanforderungen und läuft Gefahr, diese zum Selbstschutz nicht wahrzunehmen, sondern sich auf die Wissensvermittlung zu konzentrieren. Dadurch können Konflikte ungelöst bleiben, die dann entweder autoritär unterdrückt werden oder die den Lehrer selbst kaputtmachen.

Interaktionelle Kompetenz Der Mensch verliert mit seiner interaktionellen Kompetenz seine nach außen gerichtete Sensitivität. Er wird in seiner Wahrnehmung so stark gestört, dass er sich nicht mehr sicher sein kann, für wahr zu nehmen, was er wahrnimmt. Hiermit ist m. E. die gefährlichste Irritation für das Selbstverständnis eines Menschen verbunden. Er kann sich und seinen Wahrnehmungen nicht mehr trauen. Was er sieht und hört, bezieht er allzu leicht auf sich bzw. missversteht es als gegen sich gerichtet. Inneres Misstrauen und äußere Wahrnehmung vermischen sich. Sein eigenes Bindungsverhalten wird zunehmend aktiviert. Zum Selbstschutz schottet er sich ab, oder seine eigene Verletzlichkeit führt dazu, dass er sich zu sehr berühren lässt und sich immer weniger abgrenzen kann. Es fällt ihm zunehmend schwer zu unterscheiden, ob die wahrgenommene Bedürftigkeit mehr dem Schüler oder sich selbst gilt.

6.4 Wie sich Mobbing-Opfer wehren können

Gleich zu Beginn des Psychoterrors, sobald er wahrgenommen wird, sollten Mobbing-Opfer offen die Situation ansprechen, um die Ursache des Konflikts und gemeinsam eine Lösung zu suchen. Dabei können Vertrauenspersonen wie Kollegen oder betriebliche Stellen wie Vorgesetzte, Betriebsräte, Frauenbeauftragte, Mitarbeiter des Personal- oder Gesundheitswesens helfen. Sinnvoll ist es, sich Notizen über die genauen Vorkommnisse zu machen, da diese als Beweismittel im Fall des offiziellen Beschwerdeweges dienen.[22] Letzteres ist arbeitsrechtlich von großer Bedeutung. Die Rechtsposition eines Mobbing-Opfers hat sich gegenüber dem Arbeitgeber deutlich gebessert. Dieser ist dazu verpflichtet, wenn er von Mobbing-Vorgängen Kenntnis erhält, das Opfer durch geeignete Konfliktlösungsstrategien zu schützen. Denn ist erst einmal ein Rechtsanwalt eingeschaltet, kann es in den meisten Fällen nur noch um Satisfaktion gehen und darum, wie man sich trennt. Das Arbeitsverhältnis ist dann als zerrüttet anzusehen. Nach einem solchen Schritt wieder in den Dienst zurückzukehren wird sehr schwierig sein.

6.5 Biopsychosoziale Diagnostik des Mobbing-Opfers

Es ist Aufgabe einer psychosomatischen Diagnostik, die biologischen, d. h. körperlichen Auswirkungen, die psychologischen und die sozialen Folgen zu erfassen und in ihrem Wirkungszusammenhang mit dem psychosozialen Trauma von Mobbing ursächlich zu verbinden.

Die Auswirkungen auf die Kompetenz, das Rollenverständnis und die psychologischen Grundeigenschaften sind in eine psychodynamische, dem Individuum gerecht werdende ganzheitliche Diagnostik einzubeziehen und in ihrer pathologischen Bedeutung zu gewichten. Die Diagnostik erfolgt didaktisch und pragmatisch in zwei aufeinanderfolgenden Schritten und ist dabei zugleich auch schon Therapie: Die Beziehung zwischen Arzt und Patient wird

6.5 Biopsychosoziale Diagnostik des Mobbing-Opfers

von Anfang an als sicherer Ort etabliert. Der Patient erfährt schon bei der körperlichen Untersuchung Achtsamkeit, die auch sein affektives und emotionales Erleben berührt. Er schöpft Vertrauen, dass ihm sein Leid geglaubt wird. Hier ist ein Hausarzt, der den Patienten schon länger kennt, in einer besonders günstigen Position, haben frühere Kontakte schon eine Vertrauensbasis geschaffen. Zudem kann dieser den Unterschied zwischen früherem und aktuellem Auftreten erkennen. Der Patient erlebt die Sicherheit, dass er gegen Angriffe von außen so lange geschützt wird, bis er wieder imstande ist, diesen Schutz selbst aufzubauen.

Die medizinische Diagnostik und Therapie erfasst den Ausprägungsgrad und die Behandlungsnotwendigkeit von körperlichen Erkrankungen wie:

- Migräne und ständig wiederkehrende heftige Kopfschmerzen
- Ohrgeräusche und Schwindel, Sehstörungen
- Sprechstörungen durch Stimmbandentzündungen, Stottern, Wortfindungsstörungen etc.
- Störungen der Atmung durch wiederkehrende Nasennebenhöhlenentzündungen, chronische Bronchitis und Asthma bronchiale
- Herzrhythmusstörungen, koronare Herzerkrankung, Zustand nach Herzinfarkt
- Bluthochdruck und -niedrigdruck
- Appetitstörungen, Entzündungen des Magen-Darm-Traktes, Magen- und Zwölffingerdarmgeschwüre, Divertikulitis, Morbus Crohn und Colitis ulcerosa
- Entzündungen und Funktionsstörungen von Niere und Harnblase
- Störungen der Sexualität
- Akute und chronische Schmerzen von Muskeln und Gelenken
- Stoffwechselentgleisungen wie erhöhte Cholesterin- und Fettwerte, Harnsäure und Zucker
- Störungen im hormonellen Gleichgewicht etwa der Schilddrüse, Östrogene etc.
- Neurodermitis, Hautausschläge und Juckreiz etc.
- Geschwächte Abwehr mit verstärkter Neigung zu Infekten

6. Mobbing

Die psychotherapeutische Diagnostik erfasst die seelische Symptomatik, die sich als Reaktion auf die Störung eingestellt hat, und setzt sie in Bezug zum Schweregrad von

- Kompetenzverlust, gestörtem Rollenverständnis, Störungen im Bereich der psychologischen Grundeigenschaften;
- Selbstwertkrise und ggf. -gefährdung sowie von prämorbider Vulnerabilität (vor der Erkrankung bestehende seelische Verwundbarkeit infolge von früheren psychischen Störungen oder dramatischen lebensverändernden Ereignissen);
- Angst- und Panikstörungen;
- Depression einschließlich eines bestimmten Ausmaßes an Misstrauen, Antriebsstörung, Interessenverlust;
- Auswirkungen von Mobbing auf die Partnerschaft, die Familie und den Freundeskreis einschließlich der Unfähigkeit, die einzelnen Subsystemgrenzen ausreichend zu schützen.

Damit berücksichtigt die Diagnostik die jeweils aktuelle psychosoziale Wirklichkeit des Lehrers. Sie hat zum Ziel, den Konflikt dort, wo er begonnen hat, herauszuarbeiten. Oftmals zeigt sich eine Vielzahl weiterer ungelöster Konflikte in allen Kontexten, welche den Kernkonflikt wie Zwiebelschalen umhüllen und daher zunächst unkenntlich machen. Kann das Mobbing als Hauptursache für alle weiteren Schwierigkeiten auch in anderen Kontexten beschrieben werden, kommt es zu einer ersten wichtigen Entlastung. Nicht mehr Insuffizienz- und Schuldgefühle bestimmen das Erleben. Unerfüllbaren Leistungsanforderungen nicht zu genügen wird als akzeptabel konnotiert. Persönliche Kränkungen wegstecken zu müssen wird als inakzeptabel beschrieben. Familie und Freundeskreis zu vernachlässigen und dadurch Konflikte und Frustrationen zu den wichtigsten Menschen heraufzubeschwören wird nicht mehr toleriert. Die Ursache aller Konflikte auch in anderen Bereichen wird am Arbeitsplatz und dem dort erfahrenen Mobbing festgemacht. Erst wenn dieses unterbunden ist, kann erkennbar werden, inwieweit andere Konflikte noch weitere therapeutisch zu bearbeitende Ursachen haben.

6.6 Behandlung eines Mobbing-Opfers

Im vorangegangenen Kapitel wurde die biopsychosoziale Diagnostik erläutert, die die komplexen Wirkungszusammenhänge von Burnout als Folge von Mobbing erfasst. Eine konzeptionell vorgehende Psychotherapie erarbeitet aktive Strategien zur Bewältigung der diagnostizierten Probleme, um die Opferhaltung aufzulösen. Sie hilft,

- eine neue Sicherheit in den eigenen Kompetenzen wiederzuerlangen;
- die eigenen Rollenvorstellungen klar zu umreißen und ihnen somit ein klares Profil zu geben, welches ermöglicht, sich unangemessenen Rollenerwartungen zu widersetzen;
- die Grenzen zwischen den Subsystemen Berufswelt, Familie und Partnerschaft, Freundeskreis zu beschreiben;
- die Phantasie und Kreativität wiederzuentdecken;
- einen gesunden Lebensrhythmus im Wechsel von Anspannung und Entspannung zu entwickeln und auch für das körperliche Wohlbefinden aktiv zu werden – *mens sana in corpore sano* als wünschenswerte Zielvorstellung;
- einen neuen Lebenssinn zu finden, der den jeweils aktuellen Anforderungen an sich selbst sowie innerhalb der drei anderen Kontexte gerecht wird und Perspektiven für persönliche Entwicklung aufzeigt;
- wieder zu einem freien Fluss der Emotionen zu kommen und diese klar auszudrücken;
- intensiv zu kommunizieren, Konfrontationen nicht zu scheuen und angstfrei zu streiten;
- Authentizität wiederzugewinnen.

Die Therapie bearbeitet gezielt die ungelösten Konflikte im Arbeitskontext. Dabei werden größere Zusammenhänge zwischen den einzelnen Lebensbereichen und der Biographie des Opfers sichtbar gemacht. Der Patient findet hierdurch zu individuellen Ressourcen und kann Lösungsalternativen entwickeln, die er bislang noch nicht erkennen konnte.

Angst und Depression lösen sich im Idealfall auf. Der individuelle Entfaltungsspielraum vergrößert sich wieder. Durch den Gewinn an Aktivität und Autonomie werden Alkohol und Drogen als «Problemlöser» und Aufputschmittel zur angeblichen «Leistungssteigerung» überflüssig. Durchsetzungsvermögen und Leistungsbereitschaft steigen wieder an. Die Emotionalität ist in allen Lebensbereichen gut abgesichert.

Sozialtherapeutische Interventionen bis hin zur Anbahnung von Gesprächen mit dem Personalrat, dem Dienstvorgesetzten und eventuell juristischer Beratung sind ergänzend durchzuführen. Ein Antrag auf Versetzung oder Arbeitsplatz- bzw. Arbeitgeberwechsel können notwendige Konsequenzen sein.

Mobbing von außen und mangelnder Schutz von innen (Fallbeispiel)

Ein 42-jähriger Lehrer, viele Jahre an einer Schule tätig, engagiert und akzeptiert, wird von einzelnen Schüler-Eltern plötzlich und für ihn völlig unverständlich angefeindet. Es werden Bemerkungen, die er im Unterricht gemacht haben soll, aus dem Zusammenhang gerissen und willkürlich verknüpft. Es entsteht der Eindruck, dass er einzelne Schüler diskriminiert, andere bevorzugt, dass er sich negativ über andere Kollegen äußert, unvorbereitet in den Unterricht kommt und überhöhte Leistungsanforderungen stellt. Die Situation spitzt sich für ihn zu, als er von dem Rechtsanwalt eines Schüler-Vaters aufgefordert wird, eine aus dessen Sicht ungerechtfertigt schlechte Note nach oben zu korrigieren. Andernfalls würde eine gerichtliche Überprüfung beantragt werden mit dem Vorwurf der absichtlichen Benachteiligung des Sohnes seines Mandanten. Durch die über ein halbes Jahr sich hinziehenden Diffamierungen ist er im Kollegenkreis zunehmend ins Abseits gedrängt worden und findet auch hier keinen Halt. Da er auch keinen eindeutigen Rückhalt vom Rektor der Schule erhält, erleidet er einen Nervenzusammenbruch.

Im Gespräch zeigt sich, dass der Lehrer der ganzen Entwicklung hilflos gegenüberstand. Die Isolierung im Kollegium war ihm völlig unverständlich. Sie entbehrte seiner Ansicht nach jeder Grundlage. Er selbst hatte sich infolge großer privater Belastung durch die Pflegebedürftigkeit seiner Mutter lediglich aus dem Sozialleben im Kollegium zurückgezogen. Er hatte nach seinem Empfinden nichts anderes gemacht als schon viele Jahre zuvor. Zwar bemerkte er einen zunehmenden Motivationsverlust, weil er die vielen Veränderungen in der Schule nicht mehr nachvollziehen konnte, sich zunehmend gemaßregelt und kontrolliert fühlte, wenn er mit Strenge versuchte, einen gewissen Leistungsstandard in der Klasse aufrechtzuerhalten. Viele Kollegen waren ihm zu lasch, worüber er sich oftmals geärgert hatte, ohne es jedoch auszusprechen. Er hatte längst aufgegeben, hieran etwas ändern zu wollen. Von einzelnen Kollegen und Kolleginnen wusste er, dass sie genauso dachten wie er, denn sie hatten ebenfalls resigniert, hatten sich längst auch innerlich zurückgezogen, weil sie in dem völlig überalterten Kollegium, in dem der Patient der jüngste Lehrer war, keine Perspektive für Veränderung erkennen konnten. Sie erledigten nur noch das Notwendigste.

Von der uneindeutigen Haltung seines Rektors in der juristischen Auseinandersetzung fühlte sich der Lehrer besonders gekränkt, weil er sich bisher mit hohem Engagement immer bereit gezeigt hatte, zusätzliche Aufgaben zu übernehmen.

Sein Privatleben hatte in den vergangenen Monaten stark gelitten. Von seinem Freundes- und Bekanntenkreis hatte er sich aus Zeitmangel weitgehend zurückgezogen. Zuviel Energie hatte er aufwenden müssen, sich gegen die Anfeindungen zur Wehr zu setzen. Wenn er von der Schule kam, hatten ihn die Probleme noch lange beschäftigt, und oft hatte er sich zurückziehen müssen, um den Ärger und Stress abzubauen und nicht auf Kosten der Familie auszuleben. Seine Kinder beschwerten sich immer häufiger, dass er keine Zeit mehr für sie hatte. Seine Frau reagierte zunehmend verärgert, weil sie sich zurückgesetzt fühlte, weil Partnerschaft und Sexualität von ihm immer weiter hintangestellt worden waren.

Seine Hobbys hatte er vernachlässigt und kein Interesse mehr für aktive Freizeitgestaltung aufbringen können. Seine

Stimmung war gedrückt, fast schon fatalistisch. Er fühlte sich zutiefst erschöpft, innerlich leer und ausgebrannt.

In der Therapie entwickelte der Patient neue, ihn zufriedenstellende Perspektiven. Er konnte erkennen, dass er sich selbst isoliert hatte, und wollte wieder intensiver mit seinen Kollegen kommunizieren, um die Probleme in der Schule gemeinsam aktiv anzupacken. Er besann sich seiner Stärken und besonderen Fähigkeiten, die in einer kreativen Unterrichtsgestaltung mit Bereitschaft zur Auseinandersetzung mit innovativen Ansätzen liegen. Hierzu wollte er wieder Weiterbildungsseminare besuchen, um sich Anregungen zu holen. Vermeidbare zusätzliche Aufgaben wollte er künftig auch einmal ablehnen, wenn sie an ihn herangetragen werden würden und er sich überfordert fühlen sollte. Mit seinem Rektor suchte er das Gespräch über die Kränkung, wie er sie erlebt hatte. Er konnte sie offen ansprechen und ihn bitten, eindeutig für ihn Stellung zu beziehen.

Er entdeckte in der Kunsttherapie seine kreativen Fähigkeiten und Interessen wieder und lernte in der Tanz- und Bewegungstherapie seinen Körper wieder neu kennen. Diesen hatte er zuletzt nur noch als Ursache von Schmerzen und Verspannungen erlebt. Er fühlte sich motiviert, wieder mehr Freizeitsport zu treiben.

Der Patient lebte noch einmal die Trauer um den vor einem Jahr verstorbenen Vater nach, für den er sich wenig Zeit genommen hatte. Er schrieb einen Brief, in dem er alles ausdrückte, was er ihm zu Lebzeiten gerne gesagt hätte.

Im Gespräch mit seiner Frau kam ihre Kränkung über erlebte Zurückweisungen sowie die Frustration über die verloren gegangene Kommunikation gemeinsamer Wünsche und Bedürfnisse deutlich zur Sprache, worüber er sich sehr betroffen zeigte. Gleichzeitig gelang es ihm auszudrücken, dass er sich auch oft alleingelassen gefühlt hatte. Es wurde verabredet, künftig regelmäßig einmal in der Woche einen Abend miteinander zu verbringen und ihre Kontakte zu Freunden und Bekannten zu intensivieren. In der Aussprache mit den Kindern wurde deutlich, dass der 14-jährige Sohn gern mehr mit seinem Vater gemeinsam unternehmen möchte und die 16-jährige

Tochter sein Interesse an ihr vermisst hatte. Die Mutter erlebte beide Kinder in letzter Zeit auch als unausgeglichen und kaum zugänglich.

Damit wurde ein entspannteres, von Zuneigung und Aufrichtigkeit bestimmtes Familienleben wieder möglich.

Indikation zu unterschiedlichen psychotherapeutischen Behandlungssettings

Die Komplexität der mit Mobbing verbundenen Traumatisierung erfordert nicht nur ein spezifisches diagnostisches und therapeutisches Vorgehen. Solange jemand dem Mobbing ausgesetzt ist, kann eine Psychotherapie lediglich zum Ziel haben, ihm Wege aufzuzeigen, sich dagegen zur Wehr zu setzen. Viel therapeutische Energie ist darauf zu verwenden, dem Menschen wieder zu Durchsetzungsvermögen und Selbstvertrauen zu verhelfen. Gelingt es nicht, das Mobbing umgehend zu durchbrechen und zu beenden, kann es notwendig werden, der Person in Folge der gesundheitlichen Schäden, die schon eingetreten sind, Dienstunfähigkeit zu bescheinigen. Für die weiterhin notwendige Psychotherapie gibt es drei Modalitäten, für die folgende Indikationen genannt werden können:

Ambulant:
- Das Mobbing-Opfer ist in seiner Persönlichkeit zwar getroffen, befindet sich jedoch in einer stabilen psychosozialen Umgebung, die es trägt. Das Mobbing kränkt den Menschen so sehr, dass er allein und mit Hilfe von Familie und Freunden nicht damit fertig wird. Sein Durchsetzungsvermögen reicht nicht aus, das Mobbing wirkungsvoll zu durchbrechen und zu beenden.
- Die Dauer des Mobbings ist auf ungefähr ein halbes Jahr begrenzt, das Opfer erreicht möglicherweise mit Hilfe des Personalrates bzw. juristischer oder gewerkschaftlicher Beratung eine befriedigende Lösung des Problems.
- In den beiden anderen Kontexten Familie und Freundeskreis liegt keine größere Konfliktproblematik und keine belastende Veränderung vor.

Teilstationär/tagesklinisch:
- Das Mobbing-Opfer fühlt sich zutiefst gekränkt und in seiner Persönlichkeit infrage gestellt. Es zieht sich zunehmend aus sozialen Kontakten in allen drei Kontexten zurück.
- Schon vorher bestehende psychosomatische Krankheiten verschlimmern sich, Angst und Depression werden unerträglich.
- Die Familie und der Freundeskreis geraten in Sorge und fühlen sich überfordert und hilflos.
- Es wird zunehmend schwer, das Mobbing als Hauptursache der Störungen herauszuarbeiten, da Folgekonflikte in den anderen Kontexten das ursächliche Problem überdecken.

Vollstationär/klinisch:
- Ein Burnout-Syndrom als Ausdruck eines tiefgreifenden psychophysischen Erschöpfungszustandes liegt vor.
- Manifestation von erheblichen psychosomatischen Krankheitssymptomen, die von überwältigender Angst und/oder tief depressiver Verstimmung überlagert sind.
- Eine tiefe Selbstwertkrise mit dem Erlebnis der Ausweglosigkeit und Selbstmordgefährdung liegen vor.
- Der mögliche Verlust der Arbeitsfähigkeit wird als existentiell bedrohlich und ausweglos erlebt.
- Familie und Freundeskreis reagieren vorwurfsvoll und verständnislos, das Opfer ist sozial isoliert.
- Parallel zum Mobbing muss das Opfer weitere ihn psychisch sehr belastende Konflikte und Veränderungen in seinen Lebenskontexten verarbeiten wie schwere Erkrankung oder Tod eines Nahestehenden, Trennung vom Partner etc.
- Eine bedrohliche körperliche Erkrankung ist noch nicht ausgestanden bzw. seelisch nicht befriedigend verarbeitet wie Herzinfarkt, Krebserkrankung etc.

Mobbing ist Ausdruck einer erheblichen Beziehungsstörung, die das gesamte Kollegium angeht: Ein Gruppenproblem wird hier individualisiert. Die Störung des sozialen Miteinanders beginnt schleichend und wird zu einer bedrohlichen individuellen Störung des Opfers bis hin zu einer gravierenden Gesundheitsgefährdung. Es ist Aufgabe aller, die im pädagogischen System Verantwortung tragen, Mobbing schon gleich in den Anfängen zu unterbinden.

7. Therapie von Burnout

Ein Burnout bedarf klarer und umsetzbarer Behandlungskonzepte, die dem Betroffenen seine Autonomie und sein Handeln zurückgeben bzw. möglichst nachhaltig verhindern, dass er sie verliert. Wie bereits im Hinblick auf die Diagnostik des Mobbing-Opfers beschrieben, müssen die psychosozialen Rahmenbedingungen aller Lebensbereiche in eine lösungs- und ressourcenorientierte Behandlung einbezogen werden. Die Schule als Verantwortungsgemeinschaft und die Selbstverantwortung des Lehrers für sein eigenes körperlich-seelisch-geistiges Gleichgewicht sind gleichermaßen in den Fokus therapeutischen Handelns zu stellen.

Das multimodale Behandlungskonzept, wie es oben dargestellt wird, ist in abgewandelter Form und abhängig von den therapeutischen Schwerpunkten, die in einer Klinik gesetzt werden bzw. realisiert werden können, in den meisten psychosomatischen Facheinrichtungen ähnlich. Dabei variieren die Behandlungsintensität im Einzel- und im Gruppengespräch sowie die Kombination unterschiedlicher therapeutischer Ansätze. Dies liegt vor allem in den personellen Ressourcen begründet, auf die für die Realisierung eines individuellen Therapieplanes zurückgegriffen werden kann. Vier bis fünf Einzeltherapien sowie zusätzliche Gruppentherapien, ergänzt um weitere Methoden der Körper- und Entspannungsarbeit, erfordern nicht nur viele hoch spezialisierte Therapeuten. Diese müssen auch täglich in Patientenbesprechungen den Behandlungsverlauf diskutieren und den Therapieplan fortschreiben. Nur so ist gewährleistet, dass der gewünschte Synergieeffekt auch tatsächlich erreicht werden kann.

*Tabelle 2: Multimodales Burnout-Therapiekonzept,
verdeutlicht am Beispiel der Röher Parkklinik*

Therapeutische Maßnahmen	Therapeutischer Fokus
• Systemische Therapie • Tiefenpsychologisch fundierte Psychotherapie • Verhaltenstherapie • Integrative Systemaufstellung	• Entwicklung gut durchdachter Selbstkonzepte
• Tanz- und Bewegungstherapie • Kunsttherapie • Musiktherapie	• Stärkung von Emotionalität und Kreativität • Verbesserung der Selbstwahrnehmung
• Paar- und Familientherapie	• Bessere Verankerung von Veränderungen und Stabilisierung der Work-Life-Balance
• Krankengymnastik und dosiertes Fitnesstraining zur Stärkung des Körpers • Autogenes Training, Meditation und Yoga, Ohrakupunktur, Progressive Muskelrelaxation nach Jacobson	• Aktive und passive Ausbalancierung von Anspannung und Entspannung • Stärkung des Körpers (z. B. des Immunsystems, Verbesserung des Schlafes und der Verdauung etc.)

7.1 Therapieziele: Biopsychosoziale Gesundheit und Lebensfreude

Die Therapie arbeitet gesundheitsfördernd und -erhaltend an der Kognition, den Wahrnehmungs- und Erkenntnisprozessen, und hat folgende Ziele:

- Entwicklung der Fähigkeit, sich besser abzugrenzen und sich so vor Überforderung zu schützen
- Stärkung der emotionalen Intelligenz
- Verbesserung der Selbstwirksamkeit im schulischen Alltag
- Förderung der Selbstachtsamkeit und Selbstverantwortung
- Schärfung der Wahrnehmung

- Aufhebung der interaktionellen Störung
- Schaffung von Beziehung als sicherem Ort
- Verbesserung der Kommunikationsfähigkeit

Diese Ziele erfordern eine intensive, den Bedürfnissen und Möglichkeiten des jeweiligen Patienten gerecht werdende Therapie. Diese ist nicht daran orientiert, dass der Patient hinterher wieder arbeiten geht, sondern Wege zur Gesundung kennen lernt, auf denen er nach der Entlassung aus einer klinischen Therapie in ambulanter psychotherapeutischer Begleitung weitergehen kann.

Nach der Behandlung einer Vielzahl von Patienten haben wir gelernt, zwischen Erfolgen, die der Einzelne subjektiv als solche empfindet, und denen, die von außen erwartet werden, zu unterscheiden. Das Zurückkehren in das Berufsleben darf nicht Zielvorgabe für eine psychosomatische Therapie eines Burnout sein. Menschen setzen sich in der Therapie mit ihren subjektiven Zielsetzungen auseinander, sie sind genesen, wenn sie wieder zu ihrer inneren Mitte zurückgefunden haben und neue Möglichkeiten zur Beziehungsgestaltung in ihren unterschiedlichen Lebensbereichen entdecken.

Einige Lehrer sind mit der Vorstellung in die klinische Therapie gekommen, niemals mehr wieder in die Schule zurückkehren zu können. Und dann ist es ihnen gelungen, den Sinn des Berufes neu für sich zu entdecken und zu definieren, Möglichkeiten zur Selbstaktualisierung zu entwickeln, neue Kreativität zu entfalten und wieder mit Mut an die Schule zurückzukehren. Häufig haben sich überengagierte Menschen im Berufsleben verausgabt. Sie waren im wahrsten Sinne des Wortes entflammt und sind ausgebrannt. Ihnen gelang es im Rahmen der Therapie, wieder zu ihren ureigenen Wurzeln zurückzufinden. Sie konnten wieder erkennen, welchen Wert sie für andere darstellen, und sich künftig vor vermeidbarer Überforderung durch frühzeitige Abgrenzung sowohl in der Schule als auch in der Familie und im Freundeskreis bewahren.

Andere, die mit der unbedingten Vorstellung in die Behandlung gekommen sind, möglichst bald wieder zurückzukehren und Verantwortung für ihre Schüler zu übernehmen, erkennen, dass sie hiervon überfordert sind. Ihnen ist bewusst geworden, dass sie die

Verantwortung für sich selbst nicht weiter vernachlässigen dürfen, Aufgaben in der Familie bzw. im Freundeskreis auf sie warten, die die Verausgabung im Beruf nicht länger tolerieren. Dies betrifft insbesondere die Lehrer, die schon manifeste psychosomatische Störungen wie Bluthochdruck etc. entwickelt haben. Sie haben ihre bis zum Beginn der Therapie verleugnete Eigenbedürftigkeit wieder erkannt und die Grenzen ihrer Leistungsfähigkeit nicht länger verleugnet. Die eigene Körperwahrnehmung wurde verbessert, der Zusammenhang von Symptomen und seelischem Konflikt wahrgenommen.

Oftmals gelingt es erst nach langer Zeit, die Konfliktverarbeitung zu verbessern, denn hierbei müssen Grundhaltungen und Kognitionen geändert werden, die viele Jahrzehnte das Leben prägten und als sinngebend wahrgenommen wurden.

Manchmal handelt es sich um unüberbrückbare, in einem vertretbaren Zeitraum und mit den subjektiven Möglichkeiten des Patienten erreichbarem Aufwand nicht zu lösende Konflikte, beispielsweise infolge jahrelanger Mobbing-Erfahrung. Dieser mit psychosozialem Dauerstress verbundene, die Persönlichkeit nachteilig verändernde Prozess kann es erfordern, nicht in das Umfeld zurückzukehren, mit dem die Erfahrungen der Entwürdigung der Persönlichkeit, des hilflosen Ausgeliefertseins und des Verlusts von positiv tragendem Zugehörigkeitsgefühl verbunden sind. Für diese Menschen ist es ein erstrebenswertes und erreichbares Ziel, dass sie ihren inneren Frieden wiederfinden, möglichst gerne zurücksehen auf die Leistung, die sie erbracht haben, auf das wertvolle Vorbild, das sie vielen Schülern sein konnten. Wenn es ihnen gelingt, eine zufriedenstellende neue Lebensperspektive zu entwickeln und sie mit Stolz zurückblicken können, ist ein lohnendes Therapieziel erreicht, auch wenn dieser Mensch nicht in den Beruf zurückkehrt.

7.2 Therapieverlauf bei einem Burnout-Patienten

Es ist zu bedenken, dass die nachfolgende Beschreibung lediglich einen exemplarischen Verlauf aufzeigt. Angesichts der langen Entwicklungszeit, die oftmals zwischen Burnout-Entstehung und klinischer Behandlung liegt, gelingt es nicht immer, dass die Patienten zu ausreichend Eigenmotivation finden, wieder in den Schuldienst zurückzukehren. Für diesen Fall ist es therapeutische Zielsetzung, dass der Patient gerne auf seine aktive Schulzeit zurückblickt, sich der schönen Erinnerungen besinnen kann und auch die weniger schönen Erfahrungen nicht ausblenden muss und dass er auf emotionale Ressourcen aus Familie und Freundeskreis zurückgreifen kann sowie eine neue Lebensperspektive, die für ihn erfüllend ist, entwickelt.

Im Folgenden wird der Behandlungsverlauf des Patienten dargestellt, der in der Einleitung als Beispiel angeführt wurde. Der ausgebrannte Mensch verlor die Beziehung zu sich selbst und seinen sicheren Ort in der Beziehung zu anderen. Dies kann mittels der integrativen System-Aufstellung verdeutlicht und bearbeitet werden.[23]

> In der Therapie erinnerte der Patient zunächst, dass der auslösende Konflikt schon drei Jahre zurücklag.
> Damals war er von Schüler-Eltern systematisch gemobbt worden und hatte sich von seinem Kollegium und dem Schulleiter im Stich gelassen gefühlt. Er erlebte sich hilflos den Attacken ausgesetzt. Durch den Zufall, dass das Kind und dessen Eltern, die das Mobbing initiiert hatten, wegzogen, hörte diese unerträgliche Situation plötzlich auf. Ohne sich dessen wirklich bewusst zu sein, war er misstrauisch geworden. Er war sich nicht mehr sicher, auf wen er sich verlassen konnte. Selbst seine eigene langjährige Berufserfahrung half ihm nicht weiter. Diese hatte ihn gelehrt, dass es unausgesprochene allgemeingültige Grenzen gibt, über die sich ein Kollegium einig ist und innerhalb derer jeder jeden schützt.
> In den Sommerferien glaubte er, sich erholt zu haben. Als er danach wieder in die Schule zurückkehren wollte, bemerkte er

erstmalig eine große Unsicherheit und eine ihm unbekannte Angst. Ihm war schwindelig geworden, und er glaubte, dass es entweder die Föhnluft sei oder eine Magen-Darm-Verstimmung, die ihm den Boden unter den Füßen wegzog. Er hielt sich im Kollegium bedeckt, damit niemand seine Schwäche bemerkte. Er zog sich auf Dauer zurück, und niemand kam auf ihn zu und sprach ihn darauf an. Anfänglich war er froh, in Ruhe gelassen zu werden, doch mit der Zeit fühlte er sich einsam. Er bemerkte eine zunehmend bleierne Müdigkeit und ließ sich von seinem Hausarzt durchchecken.

Es fanden sich keine körperlichen Symptome, die sein Befinden hätten erklären können. Da er selber keinen Zusammenhang zu seinem seelischen Druck sah, sprach er seinen Arzt auch nicht darauf an.

Zeitgleich mit dem Mobbing erlitt seine Mutter einen Gehirnschlag und musste versorgt werden. Sie hatte ihn nach dem frühen Tod seines Vaters allein großgezogen. Ihr Leiden traf ihn sehr und motivierte ihn, sich verstärkt um sie zu kümmern. Hierin wurde er voll von seiner Frau unterstützt. Die Bewunderung für ihren Mann, den sie als sehr fleißig und aufopfernd empfand, verhinderte, dass sie ihm ihr Bedürfnis nach mehr Aufmerksamkeit mitteilte.

Der einzige Sohn war zu diesem Zeitpunkt gerade bei der Bundeswehr. Er wollte danach Informatik studieren.

In der Musiktherapie setzte sich der Patient noch einmal mit seinem Vater auseinander.

Ihn hatte er als stillen, emotional wenig anwesenden, immer arbeitenden und treu sorgenden Menschen in Erinnerung. Als er starb, nahm der Patient dies kaum wahr, da er den Vater im Alltag nicht vermisst und seine Mutter ihre ganze Liebe und Aufmerksamkeit ihm geschenkt hatte. Der Patient entwickelte in der Musiktherapie eine neue innigere Beziehung zu seinem Vater und verabschiedete ihn als einen Menschen, den er gerne noch länger für sich gehabt hätte.

Nach diesem Trauerprozess fand er zu einer Auseinandersetzung mit seiner eigenen Rolle als Vater. Er musste erkennen, dass er für seinen Sohn lange Zeit nicht präsent gewesen war.

Er hatte alle Erziehungs- bzw. Begegnungsverantwortung an seine Frau abgegeben und sich damit die Freude genommen mitzuerleben, wie sein Kind heranwuchs und zu einem eigenverantwortlichen jungen Mann reifte. Dadurch blieb ihm auch weitgehend die Umbruchsphase, die mit dem Auszug des Sohnes verbunden war, verborgen. Er entwickelte seine Vaterrolle von der mehr fürsorglich versorgenden hin zu der eines treuen Lebensbegleiters. Er erkannte, welche Bedeutung er für seinen Sohn spielte.

In der Musiktherapie-Gruppe für Männer setzte er sich damit auseinander, die Konfliktaustragung im Kollegium vermieden zu haben. Es tat ihm sichtlich gut, dazuzugehören, sich im Kontakt mit den anderen zu spüren, zu hören und wahrzunehmen sowie gespürt, gehört und wahrgenommen zu werden. Ihm wurde bewusst, was er vermisst hatte, nämlich den sozialen Kontakt und die Befriedigung seines Zugehörigkeitsbedürfnisses. Dieses hatte er zuletzt mit der zunehmenden Versorgung seiner Mutter kompensiert.

In der Kunsttherapie malte er anfänglich nur mit Stiften auf kleinem Raum. Die meiste Fläche des Blattes blieb weiß. Er ließ sich langsam dahin führen, auch mit einem groben Pinsel Farben aufzutragen. Er bevorzugte zunächst konturlose in sich verschwimmende Aquarelltechniken mit dunklen Farben, die ins Schwarze gingen. Später wurden seine Bilder bunter, die Formen konturierter, es waren Menschen erkennbar, spielende Kinder und Blumen und Bäume.

Zuletzt hatte er seine Frau als Partnerin sehr vermisst. Im Paargespräch konnte er ihr sagen, dass ihre Fürsorge ihn ziemlich gestört hatte und sie ihm zugestehen möge, dass er auch einmal für sich allein sein müsse. Sie war ihrerseits ermutigt, ihm zu sagen, dass sie sich mehr Aufmerksamkeit von ihm und mehr Gemeinsamkeit mit ihm wünschte.

In der systemisch-integrativen Familienaufstellung erstellte der Patient folgendes «Bild»:

Der Sohn schaute in Richtung Lebensfreude und Freundeskreis. Seinen Vater konnte er nicht mehr sehen, aber seine Mutter. Es fiel ihm schwer, ein Gefühl bezüglich seiner Stellung zum Vater überhaupt wahrzunehmen. Die Arbeitswelt an der Seite des Vaters und im Rücken spürte er als schweren Druck auf der rechten Schulter, der ihm sehr unangenehm war und dem er sich gerne entzogen hätte.

Seine Frau fühlte sich nicht wohl. Mit einem eher traurigen und sorgenvollen Blick schaute sie zu ihrem Mann. Von der Nähe zum Freundeskreis ging für sie keine nennenswerte Kraft aus. Es machte sie nur noch trauriger zu realisieren, was sie und ihr Mann verloren hatten. Wie in einem Sog fühlte sie sich zu ihm hingezogen und hatte ein schlechtes Gewissen, wenn sie versuchte, den Kontakt zum Freundeskreis aufrechtzuerhalten. Die Lebensfreude wollte sie am liebsten gar nicht ansehen, da dies ihren Frust nur noch verstärkt hätte.

Lediglich die Arbeitswelt gleich an seiner Seite fand sich gut positioniert. Der Repräsentant des Patienten äußerte, sich verloren und einsam zu fühlen. Er hatte Angst, nicht mehr wahrgenommen zu werden, fühlte sich sehr angespannt und spürte sein Herz schnell schlagen.

Die Repräsentanten der einzelnen Personen, der Arbeitswelt und der Lebensfreude wurden gebeten, sich gemeinsam neu zueinander in Bezug hinzustellen. Der Mann wirkte dabei zunächst ratlos und passiv, die Dynamik entwickelte sich scheinbar an ihm vorbei. Als die Aufstellung fertig war, war wohl zu bemerken, wie er versuchte, seine Frau auf sich aufmerksam zu machen, indem er ihr näher rückte und zu ihr hinschaute.

Wenn er auf seine Frau blickte, sah er nun gleichzeitig auch den gemeinsamen Freundeskreis und die Lebensfreude. Auch seinen Sohn nahm er noch wahr. Die Arbeit war für ihn erst einmal weggerückt. Dabei fühlte er sich auch wohl, war sich aber gleichzeitig sicher, dass er auf Dauer diese nicht so weit von sich wegstellen konnte. Doch jetzt konzentrierte er sich erst einmal auf die Menschen, denen er gerne seine emotionale Aufmerksamkeit schenkte.

Seine Frau fühlte sich etwas unwohl, als sie während der Aufstellung bemerkte, wie ihr Mann versuchte, ihr näher zu rücken, sie mehr für sich in Anspruch zu nehmen. Sie fühlte sich vereinnahmt und zur Rücksichtnahme gedrängt. Die neue Position gefiel jedoch auch ihr: dem Sohn gegenüberzustehen, den Freundeskreis und die Lebensfreude im Blick, um sich herum Bewegungsfreiheit. Es störte sie auch nicht, die Arbeit sehen zu können.

Der Sohn des Patienten fühlte sich in der neuen Position wahrgenommen, erkannte in seinem Vater ein Gegenüber, das ihn achtsam im Blick hat, ohne ihn in seiner Bewegungsfreiheit einzuschränken. Auch dass die Lebensfreude so nah bei ihm positioniert war, erlebte er als angenehm. Die Arbeit stand an seiner rechten Seite für ihn etwas außerhalb des Blickfeldes, was für ihn derzeit völlig akzeptabel war.

Die Lebensfreude hätte zwar gerne noch etwas näher bei dem Elternpaar gestanden, konnte sich jedoch arrangieren, da sie von beiden Eltern und dem Sohn wahrgenommen wurde. Die Nähe zum Freundeskreis verstand sie als Aufforderung an den Patienten, sich wieder mehr mit seinen Freunden zu beschäftigen und so wieder Lebensfreude empfinden zu können.

Die Umsetzung dieser Aufstellung im Lebensalltag des Patienten wird noch manchen Konflikt heraufbeschwören. Er erkannte jedoch, dass er für seine berufliche und private Entwicklung etwas verändern und dass er hierfür genügend Zeit und Aufmerksamkeit aufwenden muss. Seine innere Erstarrung löste sich, und er erlebte sich herausgefordert, seine Grenzen nicht nur in der Arbeitswelt, sondern ganz besonders auch zu Hause und im Freundeskreis neu zu definieren.

7.3 Therapieverlauf bei einem Gewaltopfer

Burnout-Symptome sind stets im Zusammenhang mit den biographischen Voraussetzungen des Patienten zu sehen. Anhand des Therapieverlaufs eines Gewaltopfers wird die musiktherapeutische Behandlung von Kindheitstraumata exemplifiziert. Die psychotherapeutische Auseinandersetzung mit Gewalterfahrungen wird ergänzend zu einem Behandlungsprogramm, wie es bei einer Traumafolgestörung in der Klinik realisiert wird, mit nonverbalen kreativtherapeutischen Methoden (z. B. Tanz- und Bewegungs-, Kunst- und Musiktherapie) geführt.[24]

Gewalt, die Menschen anderen Menschen zufügen, hinterlässt tiefe Spuren und ruft weit in unserer Kindheit zurückliegende Erfahrungen hervor. Hat ein Mensch schon sehr früh Gewalt erlebt, sei es aktiv als Opfer erlebt oder passiv mit ansehend, wie zum Beispiel die Mutter geschlagen wurde, wird er von neuerlichen Gewalterfahrungen im Hier und Jetzt daran erinnert. Der Betroffene kann hierdurch getriggert an dem schweren Krankheitsbild einer komplexen posttraumatischen Belastungsstörung erkranken.

Exemplarisch beschreibt Heinz Sondermann, Diplom-Pädagoge und Psychologischer Berater (HPG), Musiktherapeut in der Röher Parkklinik in Eschweiler, seine aus langjähriger Erfahrung resultierende spezifische Vorgehensweise. Dieser Bericht soll ein erstes Verstehen der schwerwiegenden Störungen ermöglichen, die durch Gewalterfahrungen hervorgerufen werden können.

Die musiktherapeutische Behandlung war integraler Bestandteil des multimodalen Behandlungskonzeptes eines Rettungssanitäters und fokussierte die vorsprachliche emotionale Bearbeitung vielfältiger Traumatisierungen in der Vergangenheit. Das Beispiel macht zudem deutlich, wie sich eine solche Behandlung im Prozess komplex entwickelt:

Klang und Rhythmus – Musiktherapie bei Gewalterfahrungen Im Folgenden möchte ich anhand einiger Fallbeispiele den Möglichkeiten der Bearbeitung von Aggression und Gewalterfahrungen (Opfer- und Täterrolle) in der Musiktherapie nachgehen.

Es geht mir nicht in erster Linie darum, methodische Interventionsmöglichkeiten aufzuzeigen, sondern Aspekte von Aggression und Gewalterfahrungen in Verbindung mit Klang- und Rhythmuserleben zu fokussieren.

Musiktherapie verstehe ich als eine kreative, erlebnisorientierte psychotherapeutische Methode, die bestrebt ist, geistige, psychische und körperliche Leiden bei Menschen bewusst zu machen und diese dadurch einer potentiellen Heilung zuzuführen.

Als eigenständige psychotherapeutische Methode[25] kann Musiktherapie vor allem über Klang- und Rhythmuserfahrungen an frühe symbiotische und sogar embryonale Erfahrungen heranführen, denn Klang und Rhythmus sind elementare und älteste sinnliche Erfahrungsweisen menschlichen Lebens: Herzschlag und Atemrhythmus der Mutter treffen sich mit dem Saugrhythmus des Säuglings, dem Rhythmus seines eigenen Pulses und Atems.

Auch da, wo Klang und Rhythmus für unser Ohr nicht mehr hörbar sind, umgeben sie uns als Schwingung. Klang entsteht durch das Zusammenschwingen verschiedener Töne und ihrer Obertöne. Fünf bis sechs der einfachsten Schwingungsverhältnisse (Intervalle) werden überall auf der Welt als wohlklingend, schön – eben harmonisch – empfunden. Die Urerfahrung menschlichen Seins ist Schwingung, die noch bevor das Ohr als zentrales Organ im Mutterleib ausgebildet ist, wahrgenommen wird.

Urvertrauen und Urangst, die beiden Pole, die in menschlichem Fühlen und Erleben mitschwingen, werden in den frühen Erfahrungen von Ganzsein, Einssein, Harmonie oder Erfahrungen der Disharmonie, der Bedrohung und dem Herausfallen geprägt. Dies ist ein wichtiger Aspekt zum Verständnis von Aggression und Gewalt. Inwiefern ein Mensch seine Aggressionspotentiale kontrollieren, wie er erlebte Gewalt überstehen kann, hängt entscheidend hiervon ab.

Störungen, die das Ungeborene immer wieder nicht integrierbaren, überfordernden Disharmonien «aus-setzen», bringen die Eigenschwingung durcheinander, bringen sie in Disharmonie. Die disharmonische Schwingung der Urangst wird stärker als die harmonische Schwingung des Urvertrauens. An dieses vorbewusste menschliche Grunderleben knüpft die therapeutische Arbeit mit Klang und Rhythmus an.

In der musiktherapeutischen Arbeit mit Klang und klanggeleiteter Trance (veränderte Bewusstseinszustände) haben sich als besonders wirkungsvoll archaische monochrome Klänge erwiesen. Die Klangarchetypen des Monochord, Didgeridoo, Gong, der Klangschale und Ocean Drum, aber auch Rassel und Trommel knüpfen an grundlegende Schwingungserfahrungen des «Drin-seins», Einsseins, der Fülle und des Mangels, der Harmonie und Disharmonie an.[26] Je nach Biografie und individuellem Entwicklungsprozess aktualisieren sie diese Grunderfahrungen auf der Folie der gegenwärtigen Lebenssituation. Sie bieten sich als Projektionsfläche an und lösen angenehme und unangenehme Empfindungen und Gefühle aus, Ängste, Verlassenheitsgefühle, Unruhe, Entspannung, Geborgenheit. In der klanggeleiteten Trance können sich Grunderfahrungen symbolisch, emotional und körperlich reinszenieren und erinnert werden.

Die Erfahrungen der klanggeleiteten Trance liefern so Material für den weiteren therapeutischen Prozess, sie können kathartische Wirkung haben und im geschützten Raum korrigierende Neuerfahrungen ermöglichen. Als solche haben sie unmittelbare therapeutische Wirkung. Für ein tieferes Verstehen und die therapeutische Bearbeitung erlittener Gewalt (Missbrauch, Misshandlung) und die Integration abgespaltener Aggressionspotentiale bietet sich die Arbeit mit Klang und Rhythmus als wirkungsvoller Zugang an.

Urangst und Urvertrauen: Die gestörte Einheit (Fallbeispiel)

W. ist Mitte dreißig. Er ist verheiratet und hat drei Kinder. Ein großer, kräftiger Mann, der wie ein zu groß geratener Junge wirkt, unsicher und etwas unbeholfen. Seine Geschichte ist die «Gewalt-Geschichte» einer Familie über mehrere Generationen, in der sich verschiedene Ebenen der Gewalt, die politischen Gewaltverhältnisse des Nationalsozialismus, die Gewaltgeschichte eines Familiensystems und die psychodynamische Manifestation von Aggression und Gewalt, mischen.[27]

W. wächst bei seinen Großeltern auf. Seine Eltern lassen sich scheiden, als er sechs Jahre alt ist. Immer wieder taucht aber in der Therapie bei ihm das Gefühl auf, dass seine Eltern ihn schon früher «alleingelassen haben», dass sie ihn den Großeltern überlassen haben, als er drei Jahre alt war. Er hat fast keine Erinnerungen an die Kindheit. Als er während eines ersten Klinikaufenthaltes mit der Möglichkeit konfrontiert wird, dass sein Vater vielleicht «häufiger getrunken hat», kann er das kaum ertragen, er muss sich beherrschen, um nicht «auszurasten». Erst etwa ein halbes Jahr nach diesem Klinikaufenthalt, als er zur ambulanten Musiktherapie kommt, kann er sich dieser Möglichkeit stellen.

Mit der Scheidung der Eltern verschwindet der Vater vollständig aus seinem Leben. Erst als W. achtzehn Jahre alt ist, sucht er seinen Vater, findet ihn und verbringt einige Wochen mit ihm. Der Vater verunglückt bald darauf tödlich mit dem Auto. Seit er sechs Jahre alt ist, lebt W. gänzlich in der Obhut der Großeltern. Seine Mutter ist berufstätig. Die Großmutter erlebt er als «tyrannisch». Sie hat ständig etwas an ihm auszusetzen, er fühlt sich ihren willkürlichen Entscheidungen ausgeliefert. Seine Schwester wird von ihr bevorzugt behandelt. W. erzählt, dass die Großmutter über alle Männer nur abfällig spricht. «Sie hat uns zu essen gegeben und dafür gesorgt, dass wir etwas zum Anziehen und ein Dach über dem Kopf hatten. Das war alles, aber das ist ja auch schon viel, sie war ja dazu nicht verpflichtet.»

Diese Aussage charakterisiert seine ambivalente Beziehung zur Großmutter.

W. ist zur psychotherapeutischen Behandlung in die Klinik gekommen, weil er in Stresssituationen mit unkontrollierbaren, explosionsartigen Gewaltausbrüchen reagiert, seine Frau schlägt, Mobiliar zerschlägt. Seit seiner Kindheit kennt er diese Ausbrüche.

«Ich bin dann außer mir, fühle nichts, auch keine eigenen Schmerzen ... Erst später spüre ich die Schmerzen.» Und dann kommen auch die Verzweiflung, die Angst und die Scham. Er hat Angst, dass sich seine Gewalt in diesem Zustand gegen seine Kinder richten könnte, dass jemand dabei zu Tode kommt, seine Frau, er selbst. W. steht diesen Ausbrüchen hilflos gegenüber. Er spürt die Dynamik, die zur Eskalation treibt. Die Therapie ist sein Rettungsanker, seine Motivation zur Mitarbeit ist hoch. Er spricht davon, dass er von zu Hause weggehen will wie sein Vater oder sich zu «Tode fahren», wenn diese Gewaltausbrüche nicht aufhören oder unkontrollierbar werden.

Vor Beginn einer der ersten Musiktherapiestunden wartet W. vor dem Musiktherapieraum. Die Tür steht offen, und in der Pause zwischen zwei Therapien spiele ich auf einem Didgeridoo. In dieser Stunde spreche ich zu Beginn mit ihm über die Musiktherapie. Sein Widerstand, selbst auf Instrumenten zu spielen, ist groß. Viele Instrumente machen ihm Angst. Die Trommeln sind für ihn ein Horror. Das Ballaphon und die Djembes würdigt er mit einem kurzen Blick, macht eine abwehrende Handbewegung: «Alles, was mit schlagen zu tun hat, ist tabu, geht nicht ...» Ich sage, dass wir auch mit Musik, die er selbst mitbringt, arbeiten können und mit dem Klang verschiedener Instrumente, wobei es für ihn um das Hören, Erleben der Musik/Klänge gehe, dabei zeige ich auf das Didgeridoo. Er sagt sofort: «Das habe ich eben gehört, ich konnte es kaum aushalten, mir kamen Bilder vom Ausrasten dabei, das hat mich runtergezogen.» Ebenso wirken aus seiner Erfahrung ganz hohe Töne auf ihn. Auf meine Frage, welches der Instrumente ihn im Augenblick neugierig mache, zeigt er auf die Klangschalen: «Die kenne ich, die finde ich gut.» Ich schlage ihm vor, dass er es sich bequem macht und wir ausprobieren, welche Klangschale ihm guttut. Etwa zehn Minuten bringe ich in kleineren und größeren Abständen die beiden Schalen sanft zum Klingen, lasse dem Klang Zeit, ganz auszuschwingen. Er lässt sich ganz auf diese Schwingung von Klang und Stille ein, Gesicht und Körper entspannen sich zusehends. Ich frage ihn, welcher der beiden Klänge ihm mehr Sicherheit gebe: «Der tiefere.» Ich spiele die größere Klangschale ganz sanft. Etwas härter gespielt, empfindet er den Klang gleich als unangenehm. Danach lasse ich ihm Zeit, sein inneres Erleben langsam ausschwingen zu lassen, mit seiner Aufmerksamkeit in die äußere Wirklichkeit zurückzukehren. W. beschreibt, dass er den Klang ganz in sich hineinlassen konnte: «... es war wie ein Aufsaugen, ich habe ihn richtig aufgesaugt, hier im Herzbereich, in der Mitte ..., es ist hier ganz weit und warm geworden.» W. wirkt jetzt wie ein kleiner verletzbarer Junge auf mich. Ich frage ihn, wie alt er gerade gewesen sei, als er den Klang so aufgesaugt habe. «Sechs, sieben Jahre ...» Wir sprechen darüber, dass dieser siebenjährige Junge in ihm wieder lebendig geworden sei. Auf meine Frage, was ihm spontan einfalle, wenn er an diese Zeit zurückdenke, antwortet er: «Da hatte

> ich meinen ersten Ausraster, an den ich mich erinnern kann. Da bin ich in einem Pfadfinderlager mit einem Messer hinter einem anderen Jungen her, weil die mich hochgenommen haben. Da war ich vollkommen außer mir.» Er spricht über seine Hilflosigkeit damals, sein Gefühl, vollkommen allein dazustehen, darüber, dass auch sein Vater nie zu ihm gestanden habe.
>
> Immer wieder beschreibt W. seine Gewaltausbrüche als «Ausrasten». Sein inneres und äußeres Erleben ist abgeschaltet, es gibt kein Gefühl mehr, keine Empfindungen, keine Wahrnehmungen. Er fällt in einen Zustand zurück, in dem es keine Grenze mehr zwischen innen und außen, Subjekt und Objekt gibt, der nur noch als Bedrohung erfahren wird. Die Selbstwahrnehmung als eigene Person, die Erfahrung des eigenen Ich löst sich auf. Es ist, als ob sich im Ausrasten ein Rückfall ins völlig Undifferenzierte, ein bedrohliches «Einssein», «Drin-Sein», vollzieht. Auch W.s Beschreibung, dass er den eigenen Schmerz, die eigene Verletzung in diesen Momenten nicht spürt, lässt ein Bild von Verschmelzung, Symbiose von Täter und Opfer in ihm entstehen.

Monika Renz beschreibt die menschliche Entwicklung vor dem Hintergrund von Klang- und Rhythmuserfahrungen in der Musiktherapie u. a. als eine Entwicklung der Seinsempfindung und Wahrnehmungsweise vom ungeschieden Ganzheitlichen zum Ichbezogenen. In diesem Prozess strukturieren sich das Selbsterleben und die individuelle Wahrnehmung. Treten Störungen auf, die das Ungeborene, der Säugling oder das Kind nicht integrieren kann, so spiegelt sich das auch in der Strukturierung der Wahrnehmung wider. In einer Krise oder einem Moment äußerer Bedrohung fallen wir wieder in diesen Zustand zurück und nehmen die Welt so wahr wie in der ursprünglichen Bedrohungssituation.[28]

> Auffallend im musiktherapeutischen Prozess mit W. waren für mich seine ambivalente Haltung gegenüber den Gongs und sein absoluter Widerstand gegenüber Rhythmusinstrumenten, besonders den Trommeln. Der Gong übte für W. die ambivalente Faszination ungebremster Kraft aus. In der klanggeleite-

ten Trance, ausgelöst durch eine dichte Abfolge von Schlägen, die einen konfluierenden Klang mit stetig wechselnden Obertönen entstehen lässt, werden oft Bilder von Geburt und Tod erlebt, aber auch von Auflösung, Gewalt und absoluter Zerstörung.

Während einer Stunde spricht W. über seinen Beruf und seine Zukunftsängste, sein Gefühl, nicht zurückzukönnen in die alte Arbeit, da sie ihn immer wieder in die Stresssituationen bringe, die dann sein Ausrasten zur Folge haben. Besonders schlimm erlebt er den immer wiederkehrenden Dienst, den er allein in einem kleinen fensterlosen Raum verbringen muss. Das löst Panik in ihm aus, die er nur mit Mühe übersteht. Eine Alternative zu dieser Arbeit sieht er nur verschwommen und unklar. Ein Bild im Raum fesselt während dieses Gesprächs seine Aufmerksamkeit. Er assoziiert Feuer, Flammen mit diesem Bild und die Gefühle Wut und Schwäche. Auf meine Frage, ob er mit diesem Bild, den Gefühlen etwas machen möchte, sieht er direkt zu den Gongs hinüber und äußert, dass er sie «ausprobieren» möchte. Bisher hatte er mehrmals seine Neugier und Lust, aber auch seinen Respekt vor den Gongs geäußert. Wir gehen zu den Gongs hinüber, und er testet sie erst vorsichtig. Dann entscheidet er sich jedoch schnell für den großen «Erdgong». Sein Spiel wird zunehmend heftig und laut. Mit aller Kraft schlägt er immer wieder auf den Gong ein. Ich spüre eine kaum zu ertragende Erregung und eine diffuse, explosive Mischung von Kraft, Lust, Angst. Im anschließenden Gespräch erzählt er, genau diese Erregung und die Vermischung von Lust, Angst und Zerstörungswut. Im Gespräch erzählt er, auch diese Gefühle äußerst intensiv erlebt zu haben, manchmal diffus vermischt, manchmal als klares und intensives Gefühl. Er äußert auch, dass ihn das Gefühl der Wut vor der Hilflosigkeit und dem Gefühl des Ausgeliefertseins schützt. Im weiteren Verlauf des Gesprächs kommt er mit dem Gefühl der Hilflosigkeit mehr in Kontakt, aber damit kommen die Kopfschmerzen, die häufig auftreten, wenn er mit seiner weichen schutzbedürftigen Seite in Berührung kommt.

Zu einem zentralen Thema wird sein Misstrauen oder seine Unfähigkeit, seine Angst, zu vertrauen. In einer Musiktherapiestunde, die gemeinsam mit seiner Frau stattfand, entstand eine typische Situation von gegenseitigem Missverständnis, die sie beide von zu Hause kennen und die einer Eskalation oft vorausgeht. Die Situation war vollkommen verfahren. Es gelang mir nicht, über nichtsprachliche, musikalische Kommunikation einen Ausweg aus der festgefahrenen Situation zu finden. W. verharrte im absoluten Widerstand, brach innerlich jeden Kontakt zu mir ab und äußerte nur sein grundsätzliches Misstrauen. In der Hoffnung, ihn über sich selbst wieder in einen Kontakt mit der Situation zu bringen, fragte ich ihn, ob er sich denn traue. W. wiegelte ab, verstand nicht und sagte, er wolle jetzt nicht mehr und er müsse sich überlegen, ob er die nächste Stunde überhaupt zu mir kommen würde. Die Spannung wuchs ins Unerträgliche, und im Augenkontakt mit W. erlebte ich einen ähnlichen Erregungszustand wie in der oben geschilderten Gong-Sitzung. Ich spürte nur, dass ich nicht in eine Konkurrenz mit ihm eintreten durfte, dass es darum ging, dieser Atmosphäre, diesem Gefühl, dieser Spannung standzuhalten, sie auszuhalten.

W. kam zur darauffolgenden Stunde, die ohne seine Frau angesetzt war. Er beschrieb die vorhergehende Stunde als ganz wichtig für sich. Einmal machte er die Erfahrung, dass er diesen Eskalationsprozess stoppen konnte, dass er überhaupt «Halt» sagen konnte, eine Grenze setzen und die für ihn unerträgliche Spannung aushalten konnte. Darüber hinaus war es wichtig für ihn, den Kontakt mit mir nicht abzubrechen, sondern ihn wieder aufzunehmen, sich nicht von seinem Misstrauen überwältigen zu lassen und mich nicht auf die Seite derer zu stellen, die ihn bedrohen.

In einer anderen Paartherapiestunde mit einer Therapeutin und einem Therapeuten ging es darum, dass jeder auf dem Instrument spielt, das ihn gerade anzieht. Ein Zusammenspiel, Kontakt untereinander, blieb als Möglichkeit offen. W. wählte in dieser Improvisation einen großen Gong. Es war das zweite Mal überhaupt, dass er den Gong für sich wählte. Er setzte sich vor den Gong und spielte über die gesamte Sequenz einen sanften, tragenden Ton, der für unsere Improvisationen wie ein gemeinsamer Boden war. Dabei hatte er uns allen den Rücken zugewandt.

Interessant ist vielleicht noch, dass er sich in räumlicher Opposition und weitester Entfernung zu der Therapeutin befand. Im anschließenden Gespräch beschrieb er seine Wahl des Gongs aus einem Gefühl für die Möglichkeit der zerstörerischen Kraft und Gewalt seines Klangs. Aber er erlebte den Gong wie einen Spiegel. Weil er so nah vor ihm saß, spürte er sofort jeden Impuls, jede Energie, die er auf den Gong übertrug. Der Gong machte sie unmittelbar sinnlich erlebbar. Seine Impulse trafen ihn selbst und nicht die/den «anderen». Es war für ihn eine elementare und sensible Erfahrung der eigenen Kraft und Potenz, ohne sich im Rausch in ihr zu verlieren.

Da die Therapeutin in dieser Stunde zum ersten Mal zu den Paarstunden hinzugekommen war, sollte ein erster Kontakt hergestellt werden. In einer abschließenden nonverbalen Übung, in der jeder einmal mit seinem Instrument zu Gehör kommen konnte, wurden W.s Unsicherheit und Angst noch einmal spürbar. Er spielte als Einziger von uns vieren auf seiner selbstgewählten Trommel keinen Ton, verharrte in einer trotzigen Verweigerung, in der ein bedrohlicher «Unterton» mitschwang.

Vertrauen scheint mir ein Grundmangel nicht nur von W. zu sein, sondern des gesamten Familiensystems, in dem er aufgewachsen ist und in das er auch heute noch immer verstrickt ist. Die absolute Abgrenzung der Familie nach außen überdeckt nur das Misstrauen und die Unfähigkeit der Abgrenzung nach innen. W. wuchs innerhalb eines Systems auf, das von Misstrauen und potentieller (psychischer wie physischer) Gewalt geprägt war.

Zu einer Therapiesitzung kommt er mit der Frage nach seiner Beziehung zu den Kindern. Bisher hatte er immer, wenn er seine Kinder erwähnte, von der Sorge gesprochen, als Vater nur ja nicht zu versagen. Er stellt einen sehr hohen Anspruch an sich, an dem er gerade mit seinen Gewaltausbrüchen immer wieder scheitert. In dieser Stunde spricht er von den Gefühlen gegenüber seinem Sohn, dem ältesten der drei Kinder. Er erzählt, dass die Geburt des Sohnes für ihn eine einschneidende Erfahrung gewesen sei, ein Trauma. In der Endphase der Geburt wurde der Sohn, der eine Steißlage war, mit «Druck» auf die Welt «gepresst». «Eine Hebamme warf sich auf den Bauch meiner Frau und presste das Kind mit heraus. Das kam für mich vollkommen unvorbereitet und war ein Schock. Es hat nie jemand mit uns darüber gesprochen. Das Bild hat mich bis heute nicht losgelassen. Danach war ich bei den anderen beiden vollkommen abgeschaltet, obwohl ich eigentlich aufgeregt war. Ich hatte keine Gefühle mehr dabei.»

Im Gespräch über diese Erfahrung taucht immer wieder das Thema «Druck» auf. Druck, den er spürt, wenn Erwartungen von außen an ihn herangetragen werden.[69] Das Bild berührt ihn, und er kann Erinnerungen und aktuelles Erleben in diesem Kontext neu verstehen. Auch die Frage nach seiner eigenen Geburt und die Zeit der Schwangerschaft seiner Mutter stellt sich ihm. Er glaubt, dass seine Mutter auch sehr unter Druck gestanden habe, als sie mit ihm schwanger war. Druck, der von der Großmutter ausgegangen sei, die seinen Vater immer abgelehnt und «runtergemacht» habe. Er dringt in diesem Gespräch in einen Raum seiner Geschichte vor, der für ihn weitgehend fremd ist, kaum ihm zugehörig, mit dem er in Bildern und Erinnerungen nur wenig Kontakt hat und vor dem sich die Kopfschmerzen, eine innere Leere und das «Abschalten» immer wieder als Barriere aufbauen.

Väter und Söhne: «Du sollst nicht fühlen»
In einer weiter fortgeschrittenen Phase der Therapie, W. befindet sich schon in der stationären Behandlung, kommt er einige Tage nach seiner Familienaufstellung in die Musiktherapie. In der Aufstellung ging es um die männliche Seite der Familie, die Beziehung Großvater, Vater, Sohn. Er wünscht sich eine Klangreise mit dem Glockenspiel. Während der Reise sieht er erst verschwommene Bilder aus seiner Familienaufstellung. Die Konstellation Vater/Großvater tritt stärker in den Vorder-

grund. Es entsteht ein Bild in ihm aus dem Film «Spiel mir das Lied vom Tod». In diesem Film gibt es eine Szene, in der das Kind den Vater stützt, der am Galgen hängt und mit den Füßen auf den Schultern des Sohnes steht. Während er unter der vorgehaltenen Pistole eines Mannes Mundharmonika spielen muss, stützt der Junge den Vater, bis er in der Sonne unter ihm zusammenbricht. W. fühlt sich selbst in dieser Position des Jungen. Danach erlebt er Bilder eines Gewaltausbruchs. Er sieht sich, wie er seine Frau prügelt, Gegenstände zerschlägt. Er nimmt die Gefühle wahr und spürt die körperlichen Schmerzen, alles das, was in der realen Situation ohne Bewusstsein abläuft, nicht wahrgenommen wurde.

Obwohl dieses Erleben in der Trance ihn tief erschüttert hat, äußert er sich dankbar darüber, das fühlen, spüren und sehen zu können, was er in der konkreten Situation nicht gefühlt, gespürt und gesehen hat. Er erzählt, dass er seit der Familienaufstellung viel damit beschäftigt sei, sich eine «Wunschfamilie» vorzustellen. Wir sprechen auch noch über den Großvater, seine Phantasien über dessen SS-Zugehörigkeit, den Vater, die Gewalt in der Familie und das absolute Tabu, Gefühle zu zeigen, geschweige denn zu trauern. Er sieht nur den Weg in Depression oder Gewalt: «Ich kann nur langsam an die Gefühle und die Trauer ran.»

Der Kontakt und das «bewusste» Erleben seiner Gewalt geschieht an der Stelle, wo der innere Kontakt mit der männlichen Seite der Familie entsteht. Es ist die archaisch blinde, zerstörerische Seite der Potenz eines Büffels, der er hier begegnet. Und nur so stellt sich ihm Männlichkeit in der Familie dar. Die Männer, Großvater, Vater, Onkel, können der Männer abwertenden Großmuter nicht standhalten, sie flüchten nach draußen, richten die Aggression blind gegen Ersatzobjekte oder gegen sich selbst.

Sondermann beschreibt mit dem Thema «Väter und Söhne» ein heute aktuelles Konfliktfeld. Unsere Zeit ist eine große Herausforderung für viele Väter. Für die Entwicklung junger Menschen, die ihren Aggressionen eine konstruktive und sozial akzeptierte Richtung geben wollen, sind Väter als Vorbilder sehr wichtig. Sondermann arbeitete mit dem Patienten viel an seiner Vater-Sohn-Beziehung. Der Patient ist heute selbst Vater, hat als Kind viel Gewalt erfahren und möchte diese nicht an Frau und Kinder weitergeben. Doch wie soll er der Vaterrolle angesichts der ihn überfordernden beruflichen Bedingungen und einer schwierigen Beziehung zur Ehefrau gerecht werden? Heute reicht es nicht mehr, die Ernährerrolle auszufüllen. Hierauf werden Väter, die ihre Familien verlassen, ob aus eigenem Antrieb oder weil die Frau sich von ihnen getrennt und die Kinder mitgenommen hat, jedoch oft reduziert.

Über den Vater sprechen zu wollen oder ihm begegnen zu können blieb dem Patienten lange versagt. Und als er ihn endlich wiedertraf, war die Begegnung nur von kurzer Dauer. Sie reichte aber aus, um ein ideales Vaterbild in dem pubertierenden Jungen zu erzeugen. Diesem kann der erwachsene Mann unmöglich gerecht werden. Er zerbricht an dem unerfüllbaren inneren Anspruch, den er aus seinem Idealbild an sich selbst ableitet, und greift auf das Muster zurück, das er als Kind erfahren hat: er wird gewalttätig. Eine Entwicklung, die er mit vielen Männern teilt, die ohne positives Väter-Vorbild aufgewachsen sind, wie es in einem Aufsatz von Christine Brinck («Die Zeit», 23. 12. 2002) heißt:

Wie notwendig ein positives Vater-Vorbild für Jungen ist, wurde zuerst – vor mehr als zehn Jahren – in Amerika sichtbar. Es war aufgefallen, dass unter den Schulversagern, Studienabbrechern, Drogenabhängigen, Vergewaltigern und Gefängnisinsassen der Anteil der Kinder, die ohne Väter aufwuchsen, überproportional hoch war. Fast zwei Drittel aller Vergewaltiger, drei Viertel der jugendlichen Mörder und ein ähnlich hoher Prozentsatz jugendlicher Gefängnisinsassen sind ohne Väter groß geworden. Ob es sich um die Zündler an der Lübecker Synagoge oder die Totschläger eines Obdachlosen handelt, fast alle teilen eine negative Vatererfahrung: Vater tot, Vater Alkoholiker, Vater unbekannt, Vater abgetaucht.

Gewalt und Aggression in der Schule sind nicht immer in den schulischen Bedingungen ursächlich begründet. Aber hier halten sich die jungen Menschen auf, hier tragen sie ihre fehlende innere Orientierung, die Auswirkungen ihrer ständigen Angst vor der Trennung der Eltern, den Gewalterfahrungen im Elternhaus, dem Vermissen einer väterlichen Identifikationsfigur etc. aus. Hier muss eine pädagogische Antwort gesucht und gegeben werden, die möglichst erreicht, dass die Kinder nicht mit schlechteren Sozialprognosen bestraft werden, soweit die Schule hierauf Einfluss nehmen kann. Macht der Schüler eine positive bestärkende Erfahrung in seinem Bedürfnis dazuzugehören, Anerkennung aufgrund eigener Leistung zu erlangen, wird ihm dies eine wichtige Hilfe sein, sozial integriert erwachsen zu werden. Doch damit ein Lehrer oder eine Schule das leisten können, muss die Gesellschaft die Augen öffnen für diese sozialen Herausforderungen und die personellen und fachlichen Rahmenbedingungen schaffen, dass sie erfüllt werden können. Eine bessere Prävention gibt es kaum.

Sondermanns Bericht wurde hier ausführlich wiedergegeben, um die Möglichkeiten der Musiktherapie als ein Element des multimodalen Behandlungskonzeptes zu exemplifizieren. Zudem verdeutlicht das extreme Beispiel der Therapie eines Gewaltopfers die Notwendigkeit, Symptome im Zusammenhang mit den psychosozialen Rahmenbedingungen sämtlicher Lebensbereiche zu beurteilen. Die Dynamik des Therapieverlaufs verweist auf die Komplexität des Burnout-Syndroms, dessen Ursachen nicht allein in der Berufssituation zu suchen sind.

8. Selbstbeurteilungsinventare

In unserer Akademie für Psychosomatik in der Arbeitswelt (wissenschaftliche Leiterin: Dipl. Psych. Dr. rer. nat. Katja Geuenich, geb Nienhaus) haben wir verschiedene Inventare entwickelt, die der Selbstbeurteilung dienen. Fragebögen ermöglichen es, Burn-out-Symptome an sich selbst festzustellen. Eine wissenschaftlich exakte Auswertung wird nur im Rahmen einer weitergehenden psychologischen Testung und Auswertung der Instrumentarien möglich. Die Wiedergabe der Inventare erfolgt in gekürzter Form.

8.1 Burnout-Screening-Skalen BOSS I und II

Die von uns entwickelten Burnout-Screening-Skalen BOSS I und II[29] ermöglichen Differenzierungen, die der ansonsten vielfach genutzte Maslach Burnout Inventor MBI[30] nicht erlaubt. Zusammengenommen messen sie die Auswirkungen einer Burnout-Entwicklung auf die Bereiche eigene Person, Familie, Freundes- und Bekanntenkreis sowie Arbeitswelt.

8.1.1 Fragebogen BOSS I

BOSS I erfragt subjektiv empfundene Belastungen in den Lebensbereichen eigene Person/Selbst (Körper, Seele, Geist), Familie, Freunde und Beruf.[31]

Bitte beantworten Sie in Hinblick auf die letzten drei Wochen, ob die im Fragebogen genannten Beschwerden und Belastungen auf Sie zutreffen. Kreuzen Sie bitte dazu zu jeder Frage die für Sie zutreffende Intensität der Beschwerden auf einer Skala von 0 bis 5 an. Dabei bedeutet 0, dass die genannte Belastung bei Ihnen nicht besteht und 5, dass die genannte Belastung stark vorhanden ist.

Die Zwischenwerte von 1 bis 4 sind entsprechende Abstufungen der Intensität.

		Trifft nicht zu					Trifft stark zu
Beruf							
1	Ich befinde mich in ständiger Sorge und Anspannung, dass ich meinen Job nicht bewältige.	0	1	2	3	4	5
2	Ich kontrolliere vermehrt Dinge in meinem Aufgabenbereich, bin misstrauischer geworden.	0	1	2	3	4	5
3	Um Fehler zu vermeiden, arbeite ich oft bis spät in die Nacht.	0	1	2	3	4	5
4	Ich kann mich über Erfolge im Job nicht mehr nachhaltig freuen.	0	1	2	3	4	5
5	Läuft etwas nicht nach Plan, gerate ich leicht aus der Fassung.	0	1	2	3	4	5
6	Lange Arbeitstage werden für mich zur Qual, zum Dauerstress.	0	1	2	3	4	5
Eigene Person/Selbst							
1	Ich bin mir selbst fremd geworden.	0	1	2	3	4	5
2	Ich kann keine Lebensfreude mehr empfinden.	0	1	2	3	4	5
3	Meine Frustrationstoleranz ist herabgesetzt.	0	1	2	3	4	5
4	Ich bin häufig an banalen Infekten erkrankt.	0	1	2	3	4	5
5	Ich empfinde bereits kleine Anforderungen als Belastung.	0	1	2	3	4	5
6	Ich schlafe schlecht.	0	1	2	3	4	5
7	Ich bemerke zunehmende Konzentrationsschwierigkeiten.	0	1	2	3	4	5
Familie							
1	Es kommt häufiger zu Unstimmigkeiten in der Familie/ Partnerschaft.	0	1	2	3	4	5
2	Die Zeit für Gemeinsamkeiten kommt zu kurz.	0	1	2	3	4	5
3	Wir drohen uns zunehmend zu entfremden.	0	1	2	3	4	5
4	Ich nehme weniger Anteil am Leben in der Familie/Partnerschaft.	0	1	2	3	4	5

Freunde

		Trifft nicht zu					Trifft stark zu
1	Meine Freunde melden mir zurück, dass sie sich Sorgen um mich machen.	0	1	2	3	4	5
2	Ich ziehe mich häufig aus sozialen Kontakten zurück.	0	1	2	3	4	5
3	Ich rede nur noch über das, was mich belastet (Stress), was meine Freunde stört.	0	1	2	3	4	5
4	Ich nehme weniger Anteil am Leben meiner Freunde.	0	1	2	3	4	5

Je häufiger Sie Fragen mehr im rechten Bereich der Skalierung beantworten, desto gefährdeter sind Sie, an einem Burnout zu erkranken. Der Umgang mit sich selbst und die Interaktion mit anderen Menschen sind bereits ziemlich gestört. Die wissenschaftlich abgesicherte Auswertung unseres vollständigen Fragebogens ist Aufgabe von Psychologen und Psychotherapeuten.

8.1.2 Fragebogen BOSS II

Der Fragebogen BOSS II beinhaltet Fragen zu Beschwerden auf den drei Ebenen Körper, Seele und Geist. Es wird der biopsychomentale Bereich auf Symptombildung hin abgefragt. Bitte beantworten Sie auch hier im Hinblick auf die letzten sieben Tage, ob die im Fragebogen genannten Beschwerden und Belastungen auf Sie zutreffen. Kreuzen Sie bitte dazu zu jeder Frage die für Sie zutreffende Intensität der Beschwerden auf einer Skala von 0 bis 5 an. Dabei bedeutet 0, dass die genannte Belastung bei Ihnen nicht besteht und 5, dass die genannte Belastung stark vorhanden ist. Die Zwischenwerte von 1 bis 4 sind entsprechende Abstufungen der Intensität.

		Trifft nicht zu					Trifft stark zu

Körperliche Beschwerden

1	Mich quälen heftige Kopfschmerzen.	0	1	2	3	4	5
2	Meine Muskeln sind ständig verspannt.	0	1	2	3	4	5
3	Ich spüre eine beklemmende Enge über der Brust.	0	1	2	3	4	5
4	Ich leide unter Schmerzen (Gelenke, Rücken, Hautbrennen etc.).	0	1	2	3	4	5
5	Ich leide unter Herzbeschwerden (Herzrasen, Herzschmerzen etc.).	0	1	2	3	4	5
6	Ich leide unter Magen-Darm-Beschwerden.	0	1	2	3	4	5
7	Ich leide unter Schlafstörungen.	0	1	2	3	4	5

Kognitive Beschwerden

1	Ich kann mich schlecht konzentrieren.	0	1	2	3	4	5
2	Meine Entschlussfreudigkeit ist verloren gegangen.	0	1	2	3	4	5
3	Ich mache vermehrt Fehler.	0	1	2	3	4	5
4	Ich reagiere nur noch, anstatt zu agieren, ich funktioniere lediglich.	0	1	2	3	4	5
5	Meine Kreativität ist verloren gegangen.	0	1	2	3	4	5
6	Meine Souveränität ist verloren gegangen.	0	1	2	3	4	5
7	Ich kann mich nicht mehr so gut durchsetzen u. andere überzeugen.	0	1	2	3	4	5

Emotionale Beschwerden

1	Ich fühle mich nicht mehr, nehme mich kaum noch wahr.	0	1	2	3	4	5
2	Ich ziehe mich zurück, vermeide den Kontakt mit anderen.	0	1	2	3	4	5
3	Ich bin in gedrückter Stimmung, sehe alles grau in grau.	0	1	2	3	4	5
4	Ich spüre keinen Antrieb mehr, habe meine Motivation verloren.	0	1	2	3	4	5

		Trifft nicht zu					Trifft stark zu
5	Ich bin misstrauischer geworden.	0	1	2	3	4	5
6	Ich schäme mich, fühle mich als Versager.	0	1	2	3	4	5
7	Ich bin ängstlich geworden, traue mir immer weniger zu.	0	1	2	3	4	5

Je häufiger Sie die Fragen mehr im rechten Bereich der Skalierung beantworten, desto näher sind Sie einem Burnout. Die Beschwerden haben ein Ausmaß angenommen, dass Sie bedenklich stimmen und gegebenenfalls in fachärztliche oder -psychologische Hände führen sollte. Die wissenschaftlich abgesicherte Auswertung unseres vollständigen Fragebogens bleibt Aufgabe von Psychologen und Psychotherapeuten.

8.2 Fragebogen zur Selbstbeurteilung der emotionalen Kompetenz

Katja Geuenich hat einen Fragebogen zur emotionalen Kompetenz (FEKOM) entwickelt, der die Möglichkeit bietet zu erfassen, inwieweit die emotionale Kompetenz geschwächt ist. Auf verschiedenen Skalen werden die Ressourcen im Bereich der emotionalen Kompetenz erfragt.[32]

Bitte beantworten Sie die im Fragebogen getroffenen Aussagen dahingehend, wie stark diese auf Sie persönlich zum gegenwärtigen Zeitpunkt zutreffen. Kreuzen Sie bitte dazu zu jeder Aussage die für Sie zutreffende Antwort auf der vorgegebenen Skala von 0 bis 5 an. Dabei bedeutet 0, dass Sie der Aussage nicht zustimmen und 5, dass Sie der Aussage in starkem Ausmaß zustimmen. Die Zwischenwerte von 1 bis 4 sind entsprechende Abstufungen der Intensität.

8.2 Fragebogen zur Selbstbeurteilung der emotionalen Kompetenz

		Trifft nicht zu					Trifft stark zu
1	Ich nehme meine Gefühle bewusst wahr.	0	1	2	3	4	5
2	Durch meine Gefühle gelingt es mir, mich auf eine andere Person einzulassen.	0	1	2	3	4	5
3	Ich kann mich für Dinge begeistern.	0	1	2	3	4	5
4	Ich kann mich gut selbst motivieren.	0	1	2	3	4	5
5	Mir gelingt es gut, sowohl den Einzelnen in der Gruppe als auch die Gruppe als Ganzes wahrzunehmen.	0	1	2	3	4	5
6	Ich kann mich emotional gut in andere hineinversetzen.	0	1	2	3	4	5
7	Ich erkenne die Auslöser für meine Gefühle.	0	1	2	3	4	5
8	Ich nutze meine Gefühle, um verschiedene Perspektiven einer Situation in ein Gleichgewicht zu bringen.	0	1	2	3	4	5
9	Mir gelingt es oft, eine Situation auch aus der Perspektive anderer Personen zu sehen.	0	1	2	3	4	5
10	Ich kenne die Körpersignale, die zu bestimmten Gefühlen gehören, sehr gut.	0	1	2	3	4	5
11	Ich bin ein guter und achtsamer Zuhörer.	0	1	2	3	4	5
12	Ich weiß, mit welcher Körperhaltung ich welches Gefühl ausdrücken kann und will.	0	1	2	3	4	5
13	Ich bin achtsam für meine Gefühle und Bedürfnisse.	0	1	2	3	4	5
14	Ich kann mich gut in Themen einarbeiten, die mir zunächst nicht besonders interessant erschienen.	0	1	2	3	4	5
15	Ich kann meine Zeit für Unternehmungen gut einplanen.	0	1	2	3	4	5
16	Ich nutze meine Gefühle dazu, zwischen wichtigen und unwichtigen Dingen zu unterscheiden.	0	1	2	3	4	5

	Trifft nicht zu					Trifft stark zu
17 Ich kann meine Gefühle genau und differenziert beschreiben.	0	1	2	3	4	5
18 Gefühle zum Anderen sind für mich der größte Wegweiser in der Beziehung.	0	1	2	3	4	5
19 Ich verteile meine Energien ausgewogen auf verschiedene Lebensbereiche (Arbeit, eigene Person, Familie, Freunde).	0	1	2	3	4	5
20 Ich kann meine vorhandenen Ressourcen meist optimal einsetzen.	0	1	2	3	4	5

Je häufiger Sie die Fragen mehr gegen null beantworten, desto stärker ist ihre emotionale Kompetenz geschwächt. Während der Intelligenzquotient ab ca. dem 14. Lebensjahr relativ stabil bleibt, unterliegt die emotionale Intelligenz zum Teil erheblichen Schwankungen. Permanente Überforderung schwächt die emotionale Intelligenz, während ihre Pflege und gezielte Stärkung sie ansteigen lassen.

8.3 Das Mobbing-Inventar

Der nachfolgende Fragebogen, der von Geuenich und Hagemann entwickelt wurde, erfasst Merkmale von Mobbing und typischen Mobbing-Situationen.[33]

Bitte kreuzen Sie für jede angeführte Aussage an, ob diese innerhalb der letzten drei bis sechs Monate für Sie bzw. Ihre Situation am Arbeitsplatz zutreffend war/ist.

0 bedeutet, dass die genannte Situation auf Sie nicht zutrifft, und 5, dass die im Fragebogen genannte Situation an Ihrem Arbeitsplatz sehr ausgeprägt ist. Die Zwischenwerte von 1 bis 4 sind entsprechende Abstufungen der Intensität.

8.3 Das Mobbing-Inventar

		Trifft nicht zu					Trifft stark zu
1	Meine Kollegen/Vorgesetzten lassen mich nicht zu Wort kommen.	0	1	2	3	4	5
2	Ich stehe immer in der Kritik der anderen.	0	1	2	3	4	5
3	Die Messlatte wird für mich höher gehängt, so dass ich mehr leisten muss, um gleich gut abzuschneiden.	0	1	2	3	4	5
4	Ich werde oft angeschrien oder laut beschimpft.	0	1	2	3	4	5
5	Meine Arbeit wird dauernd kritisiert – und das nur um der Kritik willen.	0	1	2	3	4	5
6	Die Kollegen meiden mich.	0	1	2	3	4	5
7	Wenn ich in den Raum komme, verstummen regelmäßig die Gespräche.	0	1	2	3	4	5
8	Ich erhalte mündlich ausgesprochene Drohungen.	0	1	2	3	4	5
9	Immer wieder begegnen mir abwertende Blicke und/oder Gesten.	0	1	2	3	4	5
10	Niemand sucht das offene Gespräch mit mir. Es bleibt bei Andeutungen.	0	1	2	3	4	5
11	Wenn Arbeitsgruppen gebildet werden, sind alle froh, wenn ich nicht in ihrer Gruppe bin.	0	1	2	3	4	5
12	Die Kollegen reagieren nicht, wenn ich sie anspreche.	0	1	2	3	4	5
13	Ich werde an einen Arbeitsplatz fernab meiner Kollegen versetzt.	0	1	2	3	4	5
14	Ich bekomme ständig neue Aufgaben, die ich unmöglich alle erfüllen kann.	0	1	2	3	4	5
15	Termine des Teams o. ä. werden mir erst sehr spät oder gar nicht mitgeteilt.	0	1	2	3	4	5
16	In meiner Abwesenheit wird negativ über mich gesprochen.	0	1	2	3	4	5

		Trifft nicht zu					Trifft stark zu
17	Gerüchte über mich machen die Runde.	0	1	2	3	4	5
18	Meine Kollegen geben mir abwertende Spitznamen und amüsieren sich hinter meinem Rücken auf meine Kosten.	0	1	2	3	4	5
19	Es hat System, dass ich kaum Arbeitsaufgaben erhalte, für die ich qualifiziert bin.	0	1	2	3	4	5
20	Mein Lebensstil sorgt immer wieder für bissige Belustigung.	0	1	2	3	4	5

In Verbindung mit dem Burnout-Inventar können Sie in einem ersten Schritt selbst beurteilen, inwieweit Mobbing vorliegt und Sie gefährdet sind, an einem Burnout zu erkranken. Eine weitergehende psychosomatische Untersuchung, unter Umständen ergänzt um testpsychologische Untersuchungen, sollte in jedem Fall erfolgen, um möglichst frühzeitig weiteren Störungen therapeutisch begegnen zu können.

9. Präventionsmaßnahmen

Ein System, das sich einen so hohen krankheitsbedingten Ausfall seiner Leistungsträger leistet, ist krank. Es arbeitet ineffizient und ist zu teuer. Der Staat, und das sind wir alle, zahlt nicht nur die Gehälter, sondern auch die Pensionen. Wenn er vor dem Hintergrund dieser Tatsache alle Anstrengungen unternehmen würde, die Gesundheit der Lehrer zu erhalten, «gesunde» Strukturen zu schaffen, würde sehr viel Geld nutzbringender angelegt werden können. Auch wenn ein Schulsystem, das keine Frühpensionierungen mehr notwendig macht, eine Illusion ist, sollten eine Krankheitsrate von ca. 4 bis 6 % im Jahresdurchschnitt sowie eine mit anderen Berufsgruppen vergleichbare Frühpensionierungsrate angestrebt werden. Die Erfahrungen aus der Wirtschaft zeigen zudem, dass Weiterbildung die Identifizierung mit dem Arbeitgeber nachhaltig positiv beeinflusst, Motivation, Arbeitsfreude und Leistungsbereitschaft fördert. Die Gesundheit wird durch Bedürfnisbefriedigung gestärkt.

Im Folgenden werden mögliche Präventionsmaßnahmen, die der Lehrer ergreifen kann, und solche, die das gesamte Schulsystem betreffen, in einer ersten Übersicht dargestellt:

Für den Lehrer:
- *Mental-health*-Training zur Stärkung der emotionalen Intelligenz
- Stress- und Zeitmanagement
- Stärkung von Selbstaktualisierungsfähigkeit
- Managementkurse für angehende Schulleiter
- Coaching für Lehrer in leitender Funktion

Für das Schulsystem:
- Weiterbildung, die finanziert wird und für die in gewissem Umfang freigestellt wird

- Teambildung und -prozessbegleitung
- Kommunikationstraining
- Den örtlichen Gegebenheiten angepasste Klassenstärke
- Angemessene Honorierung, die Vergleichen mit der Wirtschaft unter Berücksichtigung der Arbeitsplatzsicherheit und Pension standhält
- Gewaltpräventionsseminare

9.1 Für den Lehrer

9.1.1 Selbstaktualisierung im Team

Zur Burnout-Entwicklung gehören vielfach ein ausgesprochener Hang zur Perfektion und Pflichterfüllung, ein Überanspruch an sich und die eigene Autonomie, Altruismus mit ausgeprägtem Blick für die Bedürfnisse anderer sowie mit peinlichem Affekt belegte Angst vor Versagen. Eine gesunde Teamkultur hilft, diese Eigenschaften zu relativieren, so dass sie sich für den Einzelnen positiv ausgestalten lassen. Sie schafft den erforderlichen Raum und fördert die Selbstverständlichkeit, eigene Schwächen mitzuteilen, sich untereinander auszutauschen und zu unterstützen, die eigenen Handlungsspielräume zu erweitern. Dadurch wird der Rücken frei für das, was jemand besonders gerne tut und wofür er sich bereitwillig einsetzt. Hat jemand Schwierigkeiten im Umgang mit einem Schüler oder erkennt er, dass ein Schüler emotional belastet ist und dem Unterricht nicht folgen kann, sind geeignete Strategien im Team zu besprechen. Nicht jeder hat zu jedem Schüler den guten Draht, und wenn zu viele den Schüler mit unterschiedlichen pädagogischen Ansätzen fördern wollen, muss dies nicht unbedingt weiterführend sein. Es kann also für alle Betroffene Vorteile bieten zu delegieren. Auch sind durch eine derartige Zusammenarbeit Spaltungen des Lehrerteams nicht mehr möglich, ist Mobbing jeder Boden entzogen.

Die innere Klärung sowie die im Team unter Moderation geführte Reflexion der Gründe, die zur Ergreifung des Lehrerberufs geführt haben, werden angesichts sich wandelnder Bedingungen zu stets neuen Fragen und Antworten kommen, auch wenn diese im Grundsatz ähnlich bleiben. Was kann ich heute tun, um mich selbst im Beruf unter den vorherrschenden Gegebenheiten wieder zu erkennen, eigene Akzente zu setzen?

Woran möchte ich mich gerne erinnern können, wenn ich morgen an meinen Beruf zurückdenke?

Wie kann ein Latein-Lehrer heute diese scheinbar «tote» Sprache modern unterrichten? Wie kann er sich befriedigend engagieren, auch wenn seine Karriere nicht weiter nach oben führt? Wie kann er seine Berufung, die sein Beruf auch sein sollte, mit seinen Möglichkeiten unter den jeweiligen Bedingungen zum Ausdruck bringen? Wer hierauf befriedigende Antworten entwickelt, wird zumindest nicht berufsbedingt ausbrennen.

9.1.2 Bessere Selbstfürsorge des Einzelnen

Selbstfürsorge hat viel damit zu tun, sich selbst ernst zu nehmen und gleichzeitig auch über sich lachen zu können. Sie lässt die Emotionen auf dem Spielfeld unseres Lebens wachsen.

Es sollte zur selbstverständlichen Einsicht eines jeden Lehrers dazu gehören, dass er konsequent auf für ihn subjektiv ausreichende Entspannungsphasen achtgibt und darauf Wert legt. Fehlende Pausen, erhöhter Konflikt- und Lärmpegel, Multitasking, häufiges Controlling durch die Schulbehörde, überlange Arbeitsbeanspruchung u. v. m. bedeuten hohen Stress. Um hierüber nicht krank zu werden, empfehlen sich bewährte Techniken wie autogenes Training oder progressive Muskelentspannung nach Jakobson. Auch Yoga und Meditation, Tai Chi und Chi Gong sind hervorragend geeignet. Bogenschießen, Walken und Joggen, Schwimmen und Fahrrad fahren, ohne sich auf Leistung zu trimmen, eignen sich bestens zur körperlichen Entspannung und Steigerung der Fitness. Gedichte schreiben, Malen, Musizieren, Singen und Tanzen öffnen unsere musischen Kanäle. Auch der Besuch von Theater, Konzert und Museum entspannt und erweitert unseren Horizont.

Dies sind keine neuen Vorschläge. Doch ausgebrannte Lehrer haben diese für die eigene Psychohygiene und die Lebensqualität wichtigen Freizeitaktivitäten oft über viele Monate bis Jahre vernachlässigt. Erst in den Kreativtherapien und der Gestaltungstherapie sowie dem gemeinsamen Theaterbesuch mit Mitpatienten «erinnern» sich die Betroffenen wieder an ihre eigenen Neigungen. So mancher erzählt im therapeutischen Gespräch, dass er in der Klinik zum ersten Mal seit langer Zeit wieder ein Buch zur Hand genommen hat, Muße gefunden hat, Gedichte zu schreiben, zu fotografieren, Musik zu hören oder zu musizieren.

Sich regelmäßig mit Freunden zu treffen und Anteil zu nehmen, lustvoll Familienfeste zu feiern, sich miteinander zu freuen und gemeinsam trauern zu können, beugt jeder Depression, Versagensangst, Vereinsamung und damit dem Burnout vor. Wenn jemand bemerkt, dass ihm das, was ihm früher wertvoll und wichtig war, zu viel wird, sollte er innehalten, sich besinnen und Möglichkeiten schaffen, zu den früheren Aktivitäten zurückzufinden.

Muss er erkennen, dass das Gespräch mit Angehörigen und Freunden nicht weiterführend ist, er in seinen Gedanken gefangen bleibt und zu keinen tauglichen neuen Ansätzen für einen Ausweg aus der Sackgasse findet, ist ein psychotherapeutisches Gespräch sinnvoll und sollte als eine erste Hilfe betrachtet werden.

Es gehört zur Selbstfürsorge des einzelnen Lehrers und liegt in seiner Eigenverantwortung, das Angemessene und Notwendige zu unternehmen, wenn er seelisch belastet ist. Die Häufigkeit seelischer Störungen liegt in der gesamten Bevölkerung bei bis zu 25 %. Da der Lehrerberuf als solcher verstärkt die emotionale Belastbarkeit herausfordert, sind sensible, ängstliche, selbstunsichere und zu depressiven Verstimmungen neigende Persönlichkeiten gefährdeter als andere, im Sinne des Diathese-Stress-Modells überfordert zu werden. Insbesondere,

- wenn die Belastungen mit Gewalt und aggressivem Schüler- und Elternverhalten in einer Schule hoch sind,
- wenn neben der allgemeinen Arbeitsüberlastung die Erfüllung zusätzlicher Aufgaben verlangt wird,
- wenn Umstellungen wie von der Prozess- auf die Ergebnisorientierung große Anpassungsleistungen verlangen,
- wenn Verkürzungen der Schulzeit didaktisch und pädagogisch realisiert werden müssen,

- wenn Zentralabitur und weitere externe Kontrollmechanismen eingeführt werden.

Mit zunehmender Belastung steigt die Notwendigkeit, sich Hilfe zu holen. Diese kann entweder in Form von Präventionsseminaren oder auch bei vorliegender medizinischer Indikation einer ambulanten psychosomatischen Behandlung und/oder Psychotherapie erfahren werden. Unbehandelt ist bei allen genannten Störungen mit einem erhöhten Risiko zu rechnen, an einem Burnout zu erkranken. Auch qualifizierende Weiterbildungen in psychologischer Beratung haben durchaus einen stabilisierenden Effekt, ersetzen jedoch bei Vorliegen einer entsprechenden Erkrankung nicht die fachgerechte Therapie.

9.2 Für das System

«Die Verhältnisse, unter denen Lehrerinnen und Lehrer heute ihrem Beruf nachgehen, gehören wohl generell auf den Prüfstand»,[34] schlussfolgert Schaarschmidt. Er kommt zu ähnlichen Ergebnissen wie dieses Buch.

9.2.1 Weiterbildung in der Wirtschaft

Umfassende Curricula beinhalten neben fachspezifischen Themen auch Fitness, Ernährungsberatung, *Work-Life-Balance*, Entspannungstrainings, *Mental-health*-Programme etc. Dies fördert nicht nur den Zusammenhalt der Mitarbeiter untereinander sowie das Networking, sondern hat einen bedeutsamen identitätsbildenden Effekt und verschafft dem Unternehmen einen wichtigen Vorsprung darin, beispielsweise angesichts des großen Ingenieurmangels, Personal an sich zu binden.

Die Politik hat in den letzten Jahren viele Reformen durchgeführt, die Veränderungen in Zeitraum und Zielvorgabe der Wissensvermittlung betreffen. Es sollte jedoch auf Weiterbildungen in Pädagogik, in Konflikt- und Krisenmanagement sowie Gewaltprävention, in Elternarbeit und Teamwork besonderes Gewicht gelegt werden. Fortbildungsmaßnahmen sollten innerhalb der Wochenarbeitszeit zu Lasten der Wochenunterrichtsstundenzahl realisiert werden.

Gewaltprävention fängt im Kleinen an. Es ist wichtig, frühzeitig Profil zu zeigen und keine Spaltung im Lehrkörper zuzulassen. Wenn Schüler oder Eltern Grenzen überschreiten, ist dies freundlich und bestimmt anzusprechen. Regelmäßige Teamgespräche, intermittierend unter fachkundiger Moderation von außen sind hier weiterführend. Spezielle Gewaltpräventionsseminare sollten von möglichst mehreren Lehrern besucht werden, die ihre Erkenntnisse dann in die Teamgespräche mit einbringen können.

In Zukunft muss daran gearbeitet werden, wie der einzelne Lehrer mit welchen pädagogischen Möglichkeiten die Vorgaben der Bildungsreformen erfüllen kann. Heute ist viel weniger denn je der Einzelkämpfer gefragt, der alleine vor der Klasse steht und sich alleine für die Stoffvermittlung verantwortlich fühlt. Der Teamplayer ist verlangt, der sich als Teil des Systems Schule vor Ort wie auch des gesamten Schulsystems sowie der Gesellschaft versteht.

9.2.2 Teamplaying statt Einzelkampf zur Stärkung der Autonomie

Lernstandserhebungen, Begutachtungen, Förderunterricht etc. bedeuten zusätzliche Belastungen für den Einzelnen in seinem Arbeitsalltag und können ihn in seiner emotionalen Intelligenz überfordern. Gesellschaftliche Veränderungen und in Reaktion hierauf veränderte Anforderungen an den Unterricht seitens der Politik, der Hochschulen und der Wirtschaft machen eine permanente Weiterbildung der Lehrer in Didaktik und Pädagogik notwendig. Die Umsetzung, die nutzbringende Anwendung des Erlernten vor Ort, setzt intensive Auseinandersetzungen im Kollegium voraus. Diese fördert zudem die Identifikationsbildung mit der Schule sowie des Zugehörigkeitsgefühls und des Zusammenhalts untereinander.

Die originäre Aufgabe eines Lehrers ist es, die Schüler auf das Leben nach der Schule vorzubereiten. Die gesellschaftspolitischen

Veränderungen und ihre Relevanz für einen zeitgemäßen Unterricht überfordern den Autodidakten. Interaktives Lernen, Kommunikation über Lehrinhalte im Kollegium sowie in Seminaren und Arbeitsteilung im Unterrichtsteam werden dadurch zu einer *conditio sine qua non* für jeden Lehrer. Es reicht nicht, Unterrichtspläne inhaltlich aufeinander abzustimmen. Der ständige Austausch der Lehrer untereinander ist nötig.

Letztlich wird der Lehrer auch künftig seinen Schülern alleine gegenüberstehen. Er wird sich jedoch in seiner Autonomie gestärkt fühlen, wenn er vorher im Kollegenkreis diskutieren konnte, was er den Schülern vermitteln wird, und wenn er weiß, dass seine Kollegen ähnlich denken.

9.3 Für Schulleiter und Rektoren

Vielfältigkeit, Komplexität und großer Leistungsumfang sind die besonderen Herausforderungen für die Leitung selbst kleinerer Schulen. Eine belastbare emotionale Kompetenz ist unverzichtbar. Diese zu erhalten liegt in der Eigenverantwortung eines jeden Leiters.

Die Sensibilität für systemische Abläufe und Schnittstellenmanagement sind gerade in Leitungspositionen unerlässlich und können erlernt werden. Schon Klassenlehrer arbeiten vermehrt im spannungsreichen Feld zwischen schulischen, Schüler- und Elterninteressen. Je höher die Hierarchiestufe, desto intensiver die Arbeit im gesellschaftlich-politischen Konfliktfeld. Diplomatisches Vorgehen vor dem Hintergrund gut abgesicherter Kenntnisse sowohl der innerschulischen Möglichkeiten und Grenzen als auch der behördlichen Forderungen wird verlangt. In der Personalführung ist es sehr hilfreich, wenn sich der Leiter offen mitteilen und von den Erfahrungen der anderen profitieren kann.

Es hat sich noch nicht allgemein durchgesetzt, dass die Schule entscheidenden Einfluss darauf nehmen kann, welcher Lehrer ins Kollegium aufgenommen wird. Dies kann für die Teambildung zu einem nicht unerheblichen Problem werden. Denn es gibt durchaus Lehrer, die aus ganz eigennützigen Gründen an einer bestimmten Schule tätig sein möchten, auch wenn sehr früh erkennbar wird, dass sie nicht ins Team passen. Damit steigt das Mobbing-Risiko. Und je kleiner ein Team ist, desto kritischer wird es im Konfliktfall.

Ein ausreichendes Mitspracherecht des Kollegiums bei Neubesetzungen sowie intensive Teamarbeit während der Arbeitsaufnahme insbesondere von Lehrern mit Leitungsfunktion wären empfehlenswert.

Der Bildungsminister legt Inhalte und Unterrichtsziele fest. Wie diese jedoch gemäß der spezifischen Gegebenheiten der jeweiligen Schule umgesetzt werden können, entscheidet sich im Prozess der Auseinandersetzung mit dem Kollegium und dessen ganz spezifischen Ressourcen und Begrenzungen.

Lehrer, die Führungsaufgaben übernehmen, müssen darauf speziell vorbereitet werden. In der Wirtschaft hat man sich längst mit intensiven Management-Trainingskursen für Führungspersönlichkeiten darauf eingestellt. Denn die fachlichen Fähigkeiten, die jemand in der Berufsausübung erkennen lässt, sind zwar eine taugliche und hilfreiche Voraussetzung, sie reichen jedoch nicht für die erfolgreiche Ausfüllung der Leitungsposition. Ein Kollegium mit 60 bis 120 Lehrern ist eine Herausforderung ganz besonderer Art. Selbst kleine Grundschulteams können hohe Ansprüche an die Führungspersönlichkeiten stellen. Häufig haben Lehrer den Eindruck, dass neue Rektoren zwar kenntnisreich in Bezug auf Schulverordnungen und administrative Vorgaben sind, in der Führung eines Teams erwachsener Pädagogen jedoch eher hilflos bzw. schlecht ausgebildet sind. Nicht die großen Verbesserungsentwürfe sind für den Lehrer wichtig, sondern das verlässliche Geführtwerden und die Sicherheit, persönlich und individuell akzeptiert und angemessen herausgefordert zu werden.

In der Wirtschaft wird derzeit heftig diskutiert, wie es künftig gelingen kann, den Erfahrungsschatz der älteren Mitarbeiter nutzbar für das gesamte Unternehmen zu machen. Die wesentliche Frage lautet, wie ältere und jüngere Menschen voneinander profitieren können. Diese Frage wird künftig von Schulleitern angesichts des bevorstehenden Lehrermangels bzw. der Überalterung bestehender Kollegien fokussiert werden müssen.

Die jüngeren Lehrer werden auf Veränderungen im System schon in Seminaren vorbereitet, oftmals fühlen sie sich jedoch überfordert und alleingelassen im Alltagsstress. Sie finden keine gemeinsame Sprache mit den erfahrenen Kollegen.

Eine konsequente berufsbegleitende Auseinandersetzung mit Didaktik (z. B. Integration von allverfügbarem Internet-Wissen in Haupt- und Realschulen in den Unterricht) und gesellschaftsrelevanten Themen (Wohin entwickelt sich unsere Dienstleistungsgesellschaft? Wie kann der einzelne Schüler darauf vorbereitet werden?) ist heute nötiger denn je. Eine enge Kooperation mit Firmen erleichtert es dem einzelnen Lehrer, sich erfolgreich dafür zu engagieren, dass seine Schüler eine Lehrstelle bekommen bzw. klare realitätsgerechte Berufsvorstellungen entwickeln können. Schule findet nicht hinter Mauern statt, sondern spielt sich auf einem offenen Feld der Möglichkeiten ab. Manchem Schulverweigerer ist der Sinn bzw. der individuelle Nutzen von Schule nicht in dem Maße erkennbar, dass er in ihr eine sichere innere Orientierung findet, während er durch Pubertät und Auseinandersetzung mit dem Erwachsenwerden emotional stark gefordert ist.

Dies alles sollte deutlich mehr berücksichtigt werden, wenn darüber diskutiert wird, wie viel Unterricht ein Lehrer geben soll. Hier sollte vielmehr gefragt werden, wie viel guten Unterricht ein Lehrer geben kann und wie viel Zeit für Weiterbildung ihm zu Lasten seiner Unterrichtstätigkeit zugestanden werden muss.

Die Schulleitung könnte es sich zur Aufgabe machen, darauf zu achten, dass möglichst jeder Lehrer, zumindest jedoch die Junglehrer, ihrer Weiterbildungspflicht nachkommen.

9.4 Anregungen für strukturelle Veränderungen

In diesem Kapitel werden einige Anregungen für strukturelle Veränderungen gegeben. Veränderungen im Bereich der Honorierung, der Klassengröße, der Kooperation und Kommunikation sowie der Ausstattung sind unbedingte Voraussetzungen für die Gesundung des Systems Schule.

Eine angemessene Honorierung unter dem Motto, wem viel abverlangt wird, der soll dies auch angemessen bezahlt bekommen, sollte bedacht werden, auch wenn Geld nicht alles ist.

Angesichts der unterschiedlichen pädagogischen Leistung, die Lehrern in unterschiedlichen gesellschaftlichen Umgebungen abverlangt wird, muss die Klassengröße variabel gestaltet werden können. Auch *Teamteaching* könnte eine Alternative sein, wenn vermehrt verhaltensauffällige Kinder in einer Klasse unterrichtet werden. Es würden hierdurch neben geringerer Belastung der emotionalen Intelligenz, die in großen Klassenverbänden sehr stark gefordert ist, auch der Lärmpegel und die Konfliktdichte herabgesetzt werden. Gleichzeitig könnten die Lehrer ihre Pausen ungestört nutzen, wenn Vieles schon während des Unterrichts geklärt werden kann und sich aufgestauter Stress leichter abbauen lässt.

Schule findet in einem gesellschaftlichen Umfeld statt. Für die Zusammenarbeit mit kommunalen Verbänden, Vereinen, Arbeitgebern, weiterführenden Schulen und Universitäten ist mehr Raum erforderlich. Das pädagogische System benötigt einen möglichst lebhaften Austausch zwischen denen, die die jungen Menschen vorbereiten auf das, was Andere ihnen abverlangen. Die sozialen Kompetenzen, die ein junger Mensch in seinem Freizeitengagement erwerben kann, sind von großem Nutzen auch für die Schule. Die Arbeitgeber können konkrete Vorstellungen formulieren, was sie von den jungen Menschen verlangen, wenn sie bei ihnen arbeiten. Gleichzeitig stellen sie Plätze für Praktika zur Verfügung. Weiterführende Schulen bauen auf das Wissen auf, das den Schülern in den anderen Schulen zuvor vermittelt wurde. Den Hochschulen ergeht es nicht anders. Miteinander im lebhaften Austausch zu stehen bereichert jede Institution. Gymnasien wird vorgeworfen, dass sie nicht mehr angemessen auf die Universität vorbereiten. Universitäten bekommen ihrerseits den Vorwurf gemacht, hohe Studienabbruchraten nicht verhindern zu können. Schuldzuweisungen wie diese sind nicht weiterführend. Sie machen jedoch einen erhöhten Kommunikationsbedarf erkennbar.

Wenn ein Lehrer seine Stärke darin erkennt, sich für einen verstärkten Austausch der Institutionen einzusetzen, und hierin Spielraum für seine Selbstaktualisierung sieht, so bedarf er der Unterstützung, zum Beispiel in Form von weniger Unterrichtsverpflichtungen. Jede Schule braucht einen Kommunikator nach außen, und das muss nicht unbedingt der Rektor sein. Sich eng zu vernetzen liegt im originären Interesse jedes Schulleiters. Es garantiert ihm nicht zuletzt auch die Unterstützung der Wirtschaft.

Die Kommunikationsstrukturen haben sich im Zeitalter von Internet, Handy etc. enorm beschleunigt. Wissen ist allüberall leicht verfügbar, und jeder an jedem Ort erreichbar. Trotz unbestrittener Vorteile liegen hier auch die Quellen für soziale Vereinsamung und damit für eine erhöhte Frustrationsrate bei emotional schwachen Menschen. Der Zusammenhalt und das Zugehörigkeitsgefühl, Teamgeist und nach etablierten Regeln ablaufender sportlicher Wettstreit, für die die Schule als sozialer Raum unter pädagogischer Führung wichtige Akzente setzen kann, verlangt heute eindeutig nach neuen pädagogischen Konzepten. Die aufgabenbezogene, zielorientierte Kommunikation von Lehrern zu Schülern ist von ganz anderer Art als von Lehrer zu Eltern, zu Arbeitgebern oder von Lehrern untereinander etc. So simpel dies klingen mag, ist es jedoch gerade für Junglehrer oftmals schwierig, den richtigen Ton zu finden. Ganz ohne Übung geht es auch künftig nicht, und doch schützt ein Training hierin vor vermeidbaren Blessuren.

Auch die Didaktik muss die neuen Medien verstärkt berücksichtigen. Dazu gehören das entsprechende Equipment genauso wie hierauf vorbereitete Lehrer sowohl in den Hauptschulen als auch in Realschulen und den Gymnasien. Die Berufskollegschulen und die Hochschulen beklagen nicht umsonst das hohe Maß an Unselbständigkeit von jungen Schulabgängern, sich den Lehrstoff eigenständig anzueignen. Angesichts von 50 Wochenarbeitsstunden sind jedoch viel zu wenig Lehrer motiviert, sich noch zusätzlich weiterzubilden. Dies führt dazu, dass viele gar nicht mehr mit jungen Menschen, für die der Umgang mit den neuen Medien selbstverständlich ist, mithalten können.

Wenn es der Wirtschaft ein Anliegen ist, dass junge Menschen möglichst gut vorbereitet in die Lehre gehen, investiert sie bestenfalls frühzeitig, und das heißt auch schon während der Schulzeit, in eine zeitgemäße Ausstattung. Die hierüber vermittelte Anerkennung wird Lehrer zu erhöhten Anstrengungen motivieren.

9.5 Appelle an Politiker und Eltern

Eine insbesondere von Seiten der Politiker betonte Wertschätzung der Lehrer in der Öffentlichkeit als die Leistungserbringer im Schulsystem würde diesen nicht nur gerecht, sie würde auch ihre Autorität den Schülern und Eltern gegenüber stärken und ihre Arbeit erleichtern.

Schulen in sozialen Brennpunkten verlangen dem Lehrer ein weitaus höheres Maß an pädagogischer Interaktionsbereitschaft und Fähigkeit ab als in einem besser situierten Schulumfeld. Es sind mehr kollegiale Fallbesprechungen, Team- und Einzelsupervisionen, Balintgruppenarbeit, Konfliktmanagement, KrisenInterventionstraining etc. erforderlich. Ein Ausweg aus dem Dilemma der zunehmenden Gewalt an Schulen wie auch der überdurchschnittlich hohen Krankheitshäufigkeit von Lehrern liegt in einer stärkeren Fokussierung auf die Professionalisierung der pädagogischen Arbeit. Diese käme auch dem einzelnen Lehrer in seiner Auseinandersetzung mit besser situierten Eltern zugute. Auch diese sind nicht von vorneherein auf Kooperation eingestimmt. Die Notwendigkeit und Art der Elternarbeit differiert mit dem sozialen Umfeld, worauf die Lehrer und ihre Vorgesetzten in den seltensten Fällen vorbereitet sind. Ein Arbeitsloser und ein Rechtsanwalt stellen unterschiedliche Ansprüche an den Lehrer. In beiden Fällen ist zum Wohl des Kindes eine Basis für die Zusammenarbeit von Eltern und Lehrern zu suchen.

Reformen, die von den Möglichkeiten und Grenzen der Schüler und den Fähigkeiten und Ressourcen der Kollegien sowie den Bedürfnissen jedes einzelnen Lehrers ausgehen, lassen sich leicht «verkaufen». Es würde auch eine Menge administrativer Aufwand eingespart werden. Was jungen Menschen angesichts der erkennbar notwendigen Flexibilität am Arbeitsmarkt am meisten abverlangt werden wird, sind gut eingeübte *soft skills* wie Teamfähigkeit, Eigenständigkeit im Denken und emotional intelligentes Handeln, Entscheidungsfähigkeit u. v. m. Schülern diese Fähigkeiten zu vermitteln, bedarf eines gesunden Lehrkörpers, in dem jeder Einzelne seine individuellen Stärken optimal einbringen kann.

10. Forschungsergebnisse zu Entstehung, Ursachen und Verbreitung von Burnout bei Lehrern

Seit dieses Buch 2003 in einer ersten Fassung veröffentlicht wurde, hat es zahlreiche wissenschaftliche Veröffentlichungen zum Thema seelische Belastungen von Lehrern gegeben. Wichtige Ergebnisse anderer Autoren sowie eigener Untersuchungen werden hier wiedergegeben.

Bauer et al.[35] untersuchten 2007 insgesamt 949 Lehrer in zehn Gymnasien und 79 Hauptschulen. Sie fanden heraus, dass vollzeitbeschäftigte Lehrer durchschnittlich 51 Stunden pro Woche arbeiten. Mehr als 42 % bekundeten verbale Beleidigungen, 7 % bewusstes Zerstören von privatem Eigentum, und 4,4 % berichteten, Gewalt von Schülern in den letzten 12 Monaten erfahren zu haben. 29,8 % der Lehrer litten unter signifikant ausgeprägten seelischen Gesundheitsproblemen. Jedoch werden auch insbesondere verbale Angriffe seitens der Eltern als mitverursachend genannt. Lediglich 40 % aller angeschriebenen Lehrer sandten die Fragebögen zurück. Es ist davon auszugehen, dass vor allem schwerer belastete Lehrer nicht kooperierten. Damit ist von einer noch größeren Zahl betroffener Lehrer auszugehen. Die Autoren sind sich darin einig, dass es ein harter Job ist, Lehrer zu sein. Er ist hinsichtlich der Auswirkungen auf die Gesundheit vergleichbar mit der Tätigkeit in einem psychiatrischen Hospital. Verglichen mit einer englischen Studie, die nach der Befragung von 13 814 in psychiatrischen Hospitalen Berufstätigen bei 11 % der Männer bzw. 15 % der Frauen ein seelisches Problem fand, liegt kein signifikanter Unterschied zu den Lehrern vor.

Als Lösung schlagen Bauer et al. eine Verbesserung der Beziehung zu den Schülern und ihren Eltern sowie der Solidarität der Lehrer untereinander vor.

Schaarschmidt nennt neben dem störenden Verhalten von Schülern und den zu großen Klassenstärken die hohe Unterrichtsstundenanzahl als Gründe für seelische Störungen.[36] Die pädagogischen Aufgaben und die Elternarbeit für einen sozial verantwortungsbewussten Lehrer müssten entweder zu kurz kommen, was Gewissenskonflikte nach sich ziehen würde, oder zu Lasten der eigenen Feizeit und der Familie erfüllt werden. Damit stehe die Identifikation mit sich als Pädagoge auf dem Prüfstand!

Vor dem Hintergrund der hohen psychischen Belastung der Lehrer müssen die Verantwortungsträger im pädagogischen System den Fehler vermeiden, voreilig Schuldzuweisungen an den einzelnen betroffenen Lehrer zu richten. Die sich aus den Forschungsergebnissen ableitende Frage muss vielmehr lauten, wie gesundheitserhaltende Maßnahmen ergriffen werden können.

Bauer et al. berichten von einem hohen Gewaltpotential, das wesentlich zu gesundheitlichen Störungen beiträgt. Im Folgenden wird Schepkers Aufsatz zur Jugendgewalt und -kriminalität referiert.

10.1 Gewalt von Kindern und Jugendlichen

«Nicht wegschauen, sondern handeln» betitelt Prof. Dr. med. Renate Schepker,[37] Kinder- und Jugendpsychiaterin und -psychotherapeutin, ihren Artikel, in dem sie auf Ursachen und Prävention von Jugendlichengewalt eingeht.

Für alle Jugendlichen gilt: Jugendarbeitslosigkeit, beengte Wohnverhältnisse und häufiges Aufhalten auf der Straße mit devianten Peers, Leben in einem Stadtteil mit schlechter Infrastruktur, schlechte Zukunftsaussichten, Armut und Leben von Sozialhilfe und Gewalterfahrung in der Familie machen Jugendliche anfälliger dafür, kriminell und gewalttätig zu werden. ... Dass zugewanderte Jugendliche von diesen Risiken sehr viel häufiger betroffen sind als einheimische, erklärt, warum in der polizeilichen Kriminalstatistik zugewanderte Jugendliche zu einem höheren Prozentsatz als ihrem Bevölkerungsanteil entsprechend angetroffen werden. Einheimische Jugendliche mit all diesen Risikofaktoren habe die gleich hohe Zahl an Straftaten und Gewaltdelikten aufzuweisen, sodass das Merkmal der Zuwanderung allein nicht ausreicht.

Schepker räumt mit dem Mythos auf, dass Jugendliche mit Migrationshintergrund gewaltbereiter seien als gleichaltrige Deutsche. Schulen in sozialen Brennpunkten, gleichgültig ob mit vermehrtem Migrationsanteil oder nicht, bedürfen grundsätzlich einer anderen pädagogischen Arbeit als Schulen im Mittelschichtsmilieu. Insbesondere während der vulnerablen Phase körperlicher Umstellung während der Pubertät sind erhöhte und verstärkt individuellen Bedürfnissen angepasste Aufmerksamkeit und Führung erforderlich. Die Klassenstärken sowie die Unterstützung, die der Lehrer und die Eltern benötigen, sollten dieser unterschiedlichen Herausforderung angepasst sein.

Laut Schepker senkt Alkohol- und Drogenkonsum die Schwelle für Gewalt erheblich.

Einige Jugendliche werden je nach Ausgangsbefindlichkeit unter Alkohol- und Drogeneinfluss aggressiver als sonst, was mit der Substanzwirkung auf noch nicht ausgereifte Hirnstrukturen zusammenhängt. Alkoholkonsum soll gewalttätiges Verhalten synergistisch noch mehr fördern, wenn eine Neigung zur Delinquenz besteht.

Hier sind Fachlehrer, ein stringentes gemeinsames Handeln aller Erwachsenen in Elternhaus und Schule besonders gefordert. Nur so lassen sich präventiv richtige Maßnahmen ergreifen, bevor die Gewalt zu einer massiven Bedrohung wird, denn «Wegschauen fördert Jugendgewalt».

Unsere entwicklungspsychologische und pädagogische Herausforderung ist die Gratwanderung zwischen dem schrittweisen Wahrnehmen einer Gewalt beinhaltenden Welt und Konditionierung zur Gewalttoleranz.

Schepker verweist auf eine Untersuchung, in der in zwei Staaten anhand großer Bevölkerungsstudien nachgewiesen wurde, «dass sich nach flächendeckender Verfügbarkeit des Fernsehens für alle Haushalte die Mordrate verdoppelt hat».

Es ist bekannt, dass insbesondere in Haushalten mit vergleichsweise schwachem Budget der Fernsehkonsum von Kindern besonders hoch ist und gerade sozial und interaktionell schwache

Schüler in ihrer persönlichen Entwicklung durch das Fernsehen besonders gefährdet sind.

Gewaltvideos alleine erhöhen nach Schepker nicht das Gewaltpotential. Das «Ganzkörpererleben» mit eigener Verletzlichkeit wie das Potential zur Destruktivität fehlen hierbei. Entscheidend sind die sozialen Rahmenbedingungen.

Eine kleine Gruppe Jugendlicher mit psychischen Problemen zieht aus PC-Spielen oder Filmen das Bedürfnis, diese in der Wirklichkeit zu erleben, identifiziert sich mit Inhalten vor allem dann, wenn Risikofaktoren ... (wie oben beschrieben) bestehen. Eine Überleitung in Gewalt ist dann – wenn gleich schwach – nachweisbar. So ist zum Beispiel das Schulmassaker von Columbine/USA viel mehr der Pathologie, sozialen Isolierung und Verzweiflung der Täter zuzuschreiben, die das Massaker bereits am PC virtuell «geübt» hatten, als dem Medium selbst.

Es setzt viel solidarisches Verhalten im Kollegium und große verbindliche Nähe zu jedem einzelnen Schüler voraus, um die sozialpsychologischen Zusammenhänge zu erkennen und ihnen gezielt entgegenzuwirken. Dieses Engagement kostet viel Kraft und Energie und kann nicht en passant vom einzelnen Lehrer zusätzlich zum Unterrichtsalltag aufgebracht werden.

Schepker macht des Weiteren eine durch Langzeitstudien belegte Aussage, die jeden schulpolitisch Verantwortlichen aufmerken lassen muss: Die oben genannten Risikofaktoren können durch Bindung, durch die Erfahrung, etwas selbst herstellen und beeinflussen zu können, durch sinnstiftende Lebensinhalte und gute Beziehungen zu vorbildlichen Erwachsenen ausgeglichen werden. Prävention von Drogenmissbrauch und eine allgemeine Kultur des beschränkenden Substanzkonsums bei öffentlichen Veranstaltungen, wie im HALT-Programm, dem Bundesmodellprojekt zur Reduzierung riskanten Alkoholkonsums bei Jugendlichen, entwickelt, sind wirksame Mittel zur Gewaltprävention. Ein schulbasiertes Programm zur Prävention von Suchtgefährdung zeigte sich ebenso wirksam zur Prävention von Delinquenz. Vorbildlich sind die «Faust»-Programme an Grundschulen zur Verbesserung der Empathiefähigkeit sowie der interaktiven gewaltfreien Konfliktlösungsfähigkeit.

Jeder Pädagoge wird diesen Aussagen begeistert zustimmen, dürften sie doch seinen eigenen Erfahrungen entsprechen. Oftmals haben Lehrerinnen und Lehrer von dem zerreißenden Spagat berichtet, sich persönlich intensiv fortgebildet zu haben und daher sensibilisiert für die frühzeitige Wahrnehmung von Konfliktpotential in der Schule zu sein. Sie verfügen durchaus auch über Kompetenzen, frühzeitig gegenzusteuern, jedoch haben sie hierin keine Unterstützung von der Schulleitung erhalten, fühlten sich oftmals alleingelassen. So blieb ihnen lange Zeit nichts andres übrig, als sich im Eigenengagement zusätzlich zur Pflichterfüllung der Lehraufgaben pädagogisch einzubringen. Solche Einzelinitiativen laufen daher Gefahr, wenig Wirkung und insbesondere keine Nachhaltigkeit zu entfalten, werden sie nicht vom gesamten System mitgetragen. Der empathische Lehrer leidet, verausgabt sich und wird krank.

«Selektive Prävention ist erforderlich und wirksam», schreibt Schepker und meint die gezielte Förderung von zum Beispiel Ausländerkindern, die die deutsche Sprache nicht gut beherrschen bzw. beim Erlernen von zu Hause nur wenig Unterstützung erhalten können. Dabei betont sie, dass Kinder von psychisch kranken, vor allem suchtkranken Eltern besondere Förderung erfahren müssen, da sie zu Hause ein emotionales Defizit mit wenig Achtsamkeit und Rücksichtnahme auf ihre Belange erleben und häufig Gewalt und Verunsicherung durch Ehestreitigkeiten, in die sie nicht selten einbezogen werden, erfahren. Um zu wissen, ob ein Kind betroffen ist, muss der Lehrer die Möglichkeit haben, die familiäre Situation des Schülers kennen zu lernen sowie ihn intensiv zu betreuen.[38]

Als Resümee dieses sehr ergiebigen Aufsatzes der Kinder- und Jugendpsychiaterin und -psychotherapeutin lässt sich die Forderung stellen, die pädagogische Kompetenz insbesondere der Gymnasiallehrer deutlich zu verbessern. Es bringt nur bedingt etwas, verstärkt Sozialarbeiter als Konfliktmanager einzusetzen, wenn das System des Gymnasiums als Ganzes von der Zunahme an Gewalt überfordert ist. Einzelinterventionen sind nur dann Erfolg versprechend, wenn sie vom gesamten Lehrkörper einschließlich der Leitung getragen werden. Die Leitung von Klassenverbänden mit verhaltensauffälligen Schülern bedarf zudem der verstärkten emotionalen Intelligenz jedes Lehrers und jeder Lehrerin, um frühzeitig erkennbare Gewaltentwicklung zu erfassen und ihr durch geeignete intensive pädagogische Maßnahmen gegenzusteuern. Die Erzeugung von Druck und Angst zum Beispiel durch den Hinweis auf einen möglichen Schulverweis, reichen bei Weitem nicht aus. Die Mitschüler wissen durchaus einzuschätzen, ob jemand aus Lust an der Aggression und Gewalt auffällt oder weil er sich emotional überfordert fühlt und hilflos reagiert. Wenn jeder glaubt, emotionale Bedürftigkeit verstecken zu müssen, sich nicht angenommen und sicher fühlen kann und sich zudem bedroht fühlt, nicht mehr dazuzugehören, zeigt er sich hilfsbedürftig, werden sich immer mehr Schüler verschließen und hinter ihrem eigentlichen Leistungsvermögen zurückbleiben. Dem Lehrer ist abzuverlangen, dass er lernt, wahrzunehmen und zu differenzieren, dem Schüler, dass er sich früh genug mitteilt, wann er sich überfordert, in seinen Bedürfnissen übergangen fühlt, und dass er sich fordern lässt, wenn er belastbar ist. Dies setzt voraus, dass der Stundenplan seitens des Lehrers flexibel gestaltet bzw. flexible Leistungsanforderungen gestellt werden können. Allzu kurz getaktete Leistungsvergleiche mit anderen Lehrern und anderen Schulen oder Ländern lähmen die Fähigkeit zur flexiblen Anpassung an psychosoziale Gegebenheiten, die der Lehrer nicht verhindern kann, aber auf die er zum Schutz des Einzelnen wie auch der Klassengemeinschaft eine angemessene Antwort finden muss.

10.2 Belastungen am Arbeitsplatz

Aus meiner Erfahrung aus vielen Gesprächen mit Lehrerinnen und Lehrern ist es für sie sehr schwierig, Privatleben und Beruf voneinander zu trennen. Da es in den Schulen an geeigneten Studierräumen für Unterrichtsvor- und -nachbereitung fehlt, muss diese zu Hause erledigt werden. Hier warten jedoch vielfach familiäre Verpflichtungen. Erst wenn diese erledigt sind, kommt die berufliche Arbeit an die Reihe. Hierbei sind die alleinerziehenden Mütter und Väter sowie Familien mit pflegebedürftigen Angehörigen besonders belastet. Aus diesem Grund reflektieren wir in der Therapie auch das Zeitmanagement mit dem Ziel, dass die Entspannungsphasen und die freien Familienzeiten ihren gehörigen Stellenwert bekommen. Auch im Rahmen der Prävention spielt der Umgang mit der Zeit eine große Rolle.

Kretschmann[39] hat im November 2002 eine wichtige Zusammenfassung zur wöchentlichen Arbeitszeit von Lehrern vorgetragen. Zwischen den Jahren 1958 und 1998 wurden in unterschiedlichen Bundesländern Lehrer von verschiedenen Forschern befragt. Es wurde zusätzlich mit der durchschnittlichen Wochenarbeitszeit in der Industrie verglichen. Es ergaben sich Differenzen zwischen −0,7 (NRW 1958) bis +16,9 (NRW 1969) der wöchentlichen Arbeitszeit der Lehrer. 1998 fanden Mummert und Partner in NRW einen Differenzwert von +9,7.

Lehrerinnen und Lehrer haben damit in den Arbeitswochen längere Arbeitszeiten als andere Arbeitnehmer – aber sie haben ja auch Ferien und man muss, um einen fairen Vergleich zu ziehen, die Jahresarbeitszeit heranziehen.

Die Jahresarbeitszeitvorgabe für den öffentlichen Dienst beträgt 1702 Stunden. Diese Vorgaben wurden von Lehrerinnen und Lehrern erreicht, im statistischen Durchschnitt sogar überschritten, und zwar in unterschiedlich hohem Maße bei Lehrkräften verschiedener Schulformen:
- von Grundschullehrkräften im statistischen Durchschnitt um 2,8 %
- von Gymnasiallehrerinnen und -lehrern um 11 %
- von Lehrkräften an Gesamtschulen um 16 %

Viele Lehrerinnen und Lehrer haben eine Sechs- oder gar Siebentagewoche, weil sie mehr oder weniger an den Wochenenden arbeiten. Bei einer Befragung von Schönwälder[40] gaben 32,1 % der Vollzeitkräfte an, regelmäßig an Samstagen und Sonntagen zu arbeiten – und 45,9 % der Teilkräfte.

Dass nur ausbrennt, was vorher entflammt war, greift zu kurz. Auch wessen Flamme scheinbar nie gelodert hat, leidet unter Stress. Schaarschmidt[41] zufolge gibt es im Hinblick auf das Bewältigungsverhalten zwei gesundheitsgefährdende «Risikomuster»:

- Risikomuster A: Diese Lehrkräfte sind hoch engagiert, lassen sich berufliche Ereignisse sehr zu Herzen gehen, haben aber das Gefühl, sich zu verausgaben ohne Erfolg zu sehen.

- **Risikomuster B:** Diese Lehrkräfte sind wenig engagiert, haben wenig beruflichen Ehrgeiz, sind jedoch sehr empfindlich gegenüber beruflichen Problemsituationen und sie haben an ihrer Arbeit wenig Freude.

Die erste Gruppe ist gefährdet, mit Übereifer zu beginnen und nach einigen Jahren ausgebrannt zu sein. Sie erreichen ihre selbstgesteckten Ziele nicht, sind frustriert und erschöpft und ziehen sich zurück.

Die zweite Gruppe scheint schon resigniert zu haben und sieht in der Arbeit nur noch einen «lästigen Broterwerb».

10.3 Stress und Gesundheit von Lehrern

Bauer et al. veröffentlichen 2005 die Ergebnisse einer Studie, für die 408 Gymnasiallehrer und -lehrerinnen an insgesamt 10 deutschen Schulen befragt werden.[42] Verwandt wurde unter anderem der SCL-90-R, der auch in unseren Studien Anwendung findet (s. unten):

32,5 % litten an einem Burnout (MECCA-Typ B), 17,7 % an einer schweren Ausprägung (Typ A), 35,9 % zeigten einen unbesorgten (Typ S) und 13,8 % einen gesundheitsbesorgten Krankheitsverarbeitungsstil (Typ G). Burnout betraf häufiger Frauen, geschiedene Lehrer sowie in Teilzeit arbeitende Lehrer. Gefragt, was ihrer Meinung nach ursächlich für die Entwicklung ihres Burnout sei, gaben sie neben einer zu großen Zahl Schüler in einer Klasse destruktives und aggressives Schülerverhalten als Hauptstressoren an. Bezüglich der SCL-90-R Ergebnisse gaben 20 % der Stichprobe einen schweren Grad an psychologischer und psychosomatischer Symptombildung an. MECCA-Typ B (Burnout) korreliert signifikant mit ausgeprägter psychologischer und psychosomatischer Symptombildung.

Die Studienergebnisse veranschaulichen die Brisanz des Themas Burnout bei Lehrern in unserer heutigen Gesellschaft. Dies belegt unsere Studie zu Stresserkrankungen bei Lehrern, aus der nachfolgende Abschnitte zitiert werden.[43] Zunächst wird ein Überblick zur aktuellen Lage gegeben. Die Autoren verweisen auf Forschungsergebnisse, die sich auf seelische Störungen beziehen, die in zunehmendem Maße für krankheitsbedingte Arbeitsausfälle und Frühpensionierungen verantwortlich sind.

10.3.1 Gesundheitliche Belastungen von Lehrern: Gegenwärtige Situation

Derzeit erreichen weniger als 10 % der Lehrer den gesetzlichen Altersruhestand. Das durchschnittliche Alter für Pensionierungen aus Krankheitsgründen liegt bei ca. 54 Jahren. Die häufigsten Krankheiten sind dabei dem Kreis der psychosomatischen Erkrankungen zuzuordnen.[44] Im Durchschnitt der Bevölkerung liegt der prozentuale Anteil der psychischen Erkrankungen an krankheitsbedingter Berufsunfähigkeit laut der Versicherungsgruppe Zurich (Stand 2006) bei ca. 30 %. Bei Lehrern liegt der Anteil gesundheitsbedingter Frühpensionierungen bei 40–50 %, wobei 49 % der Krankheiten dem psychischen und psychosomatischen Bereich zuzuordnen sind.[45]

Lehrer müssen heute sogar damit rechnen, beim Abschluss einer Lebensversicherung einen ungünstigeren Tarif, sozusagen einen Tarif mit Risikoaufschlag, angeboten zu bekommen, wie mir ein Lehrer aus Winthertur in der Schweiz berichtete.

Zur Erklärung dieser zunehmenden Erkrankungsrate der Lehrer muss von einem multifaktoriellen Gefüge ausgegangen werden (z. B. Hagemann, 2003; Weber & Kraus, 2000). Berücksichtigt werden müssen somit nicht nur kontextuelle (Arbeitsbedingungen), sondern auch persönliche Faktoren (Eigenschaften, Konstitution, Disposition, persönliche Kompetenzen) sowie deren Interaktion. Aktuelle Untersuchungen zeigen, dass in diesem Gefüge eine mangelnde Bedürfnisbefriedigung von hoher Bedeutung für die Erklärung einer chronischen Stressbelastung ist.[46]

10.3.2 Diagnostische Verfahren und Diagnosen

Für die Studie wurden folgende diagnostische Verfahren zum Einsatz gebracht:

- Die *Symptomcheckliste* SCL-90 von Derogatis.[47] Bei SCL-90-R handelt es sich um ein Selbstbeurteilungsinstrument. Durch insgesamt 90 Items werden neun Symptombereiche exploriert: Somatisierung, Zwanghaftigkeit, Unsicherheit im Sozialkontakt, Depressivität, Ängstlichkeit, Aggressivität/Feindseligkeit, Phobische Angst, Paranoides Denken und Psychotizismus.
- Die *Burnout-Screening-Skalen* (BOSS) von W. Hagemann sind neu entwickelte Verfahren zur Diagnostik im Rahmen des Burnout-Syndroms (s. Kapitel 8).
- Das *Trierer Inventar zum chronischen Stress* von P. Schulz, W. Schlotz und P. Becker (2003) ist ein Selbstbeurteilungsinstrument, welches mit Hilfe von neun Skalen chronischen Stress erfasst. Das TICS umfasst 57 Items und ist standardisiert und normiert (für verschiedene Altersstufen von 16 bis 70 Jahren). Erfragt werden unterschiedliche Nuancen von Stress und Überforderung innerhalb der letzten drei Monate. Unterschieden wird dabei vor allem zwischen Stress, der aus hohen Anforderungen resultiert, Stress, der aus mangelnder Bedürfnisbefriedigung resultiert, und chronischer Besorgnis als interne Komponente und Ursache von chronischem Stress.

In der Gesamtstichprobe wurde bei 51 % der Patienten die Diagnose einer depressiven Störung gegeben. Bei weiteren 19 % der Patienten war ein Burnout die erstrangige Behandlungsdiagnose. Bei 8 % der Patienten wurde eine Doppeldiagnose von Depression und Burnout gestellt. Unter einer Angststörung litten 10 % der Patienten. Weitere 5 % der Patienten erfüllten die Kriterien einer somatoformen Störung und 1 % die Kriterien einer Zwangsstörung. 1 % der Patienten erhielten Diagnosen, die für die vorliegende Studie aufgrund der kleinen Anzahl von Patienten, die diese Diagnosen erfüllten, nicht weiter spezifiziert wurden.

Für die in der Studie genauer untersuchte Lehrerstichprobe ist die Zuordnung zu den verschiedenen Diagnosen in Tabelle 3 dargestellt.

Tabelle 3: Verteilung der Diagnosen in der Patientenstichprobe (Lehrer)

Diagnose	**Häufigkeit**	**Prozent**
Depression	20	37,0
Burnout (als Hauptdiagnose)	17	31,5
Depression und Burnout	7	13,0
Angststörung	4	7,4
Posttraumatische Belastungsstörung	4	7,4
Zwangsstörung	0	0
Somatoforme Störung	1	1,9
Sonstige	1	1,9
	54	100

Wie aus Tabelle 3 hervorgeht, überwiegt auch hier – wie in der Gesamtstichprobe – als Diagnose die depressive Störung gefolgt von der Diagnose Burnout.

10.3.3 Unterschiede zwischen Lehrern und Nichtlehrern

Im Folgenden werden einige Unterschiede zwischen den Berufsgruppen Lehrer/Nichtlehrer, die die Studie ergeben hat, dargestellt.

Die befragten Lehrer unterscheiden sich hinsichtlich einiger als Zusatzvariablen erfragten Arbeitsmerkmale signifikant von den Nichtlehrern. Diese Unterschiede sind in Tabelle 4 aufgeführt.

Tabelle 4: Signifikante Unterschiede zwischen Lehrern und Nichtlehrern hinsichtlich einiger Arbeitsmerkmale

Arbeitsmerkmal	**Mittelwert Lehrer**	**Mittelwert Nichtlehrer**
Dauer der Betriebszugehörigkeit in Jahren	18	9
Wochenarbeitszeit	28	42
Zufriedenheit mit der Gesundheitsfürsorge am Arbeitsplatz (Skala von 0 bis 10)*	4,4	6,6
Zufriedenheit mit der Kommunikation am Arbeitsplatz (Skala von 0 bis 10)	4,5	6,0
Zufriedenheit mit der Struktur/Hierarchisierung am Arbeitsplatz (Skala von 0 bis 10)	4,7	5,0
Zufriedenheit mit der Sicherheit des Arbeitsplatzes (Skala von 0 bis 10)	8,7	8,4

* Je höher der Wert (von 0 bis 10), desto höher die Zufriedenheit

Tabelle 4 zeigt, dass Lehrer und Lehrerinnen mit ihrem beruflichen Alltag und Umfeld weniger zufrieden sind als Nichtlehrer. Die Unterschiede in der Wochenarbeitszeit unterliegen vermutlich einer Verzerrung, da nicht zwischen Arbeitszeit, die am Arbeitspatz verbracht wird, und Arbeitszeit, die zu Hause verbracht wird, unterschieden wird.

Insbesondere sollte es Schulleitern und Rektoren zu denken geben, dass gerade Lehrer, die in ihrer beruflichen Tätigkeit maßgeblich von einer guten Kommunikationsfähigkeit abhängig sind, über die innerbetriebliche Kommunikation weniger zufrieden sind als Menschen anderer Berufsgruppen. Dasselbe trifft auch auf die Gesundheitsfürsorge zu, die durch entsprechende Präventionsmaßnahmen, durch Fort- und Weiterbildungen verbessert werden könnte.

Die psychische und körperliche Belastung der Lehrer unterschied sich von denen der Nichtlehrer (beide Gruppen waren Patientengruppen) in den folgenden Variablen bzw. Skalen (siehe Tabelle 5):

Tabelle 5: Signifikante Unterschiede zwischen Lehrern und Nichtlehrern in der psychischen und körperlichen Belastung

Merkmal	**Mittelwert Lehrer**	**Mittelwert Nichtlehrer**
BOSS: Belastungen im Beruf (Mittelwert)*	3,2	2,5
BOSS: Belastungen im Beruf (Intensität)*	3,5	2,8
BOSS: Belastungen im Beruf (Breite/Anzahl der Belastungen)*	4,4	3,8
BOSS: Körperliche Beschwerden (Breite/Anzahl der Symptome)*	3,5	2,7
TICS: Soziale Überbelastung**	61	55

*   Wertespanne von 0 bis 5: Je höher der Wert (von 0 bis 5), desto höher die Belastung
** Werte ab 60 (Wertespanne von 20 bis 80) gelten als signifikant erhöht/erhöhte Belastung

In den oben angeführten Variablen sind die Beschwerden bei Lehrern höher bzw. stärker ausgeprägt als bei Nichtlehrern. Dass dies bei den berufsassoziierten Variablen und auch bzgl. sozialer Belastungen der Fall ist, weist auf ein spezifisches berufliches Risiko zu sozial geprägter beruflicher Überbelastung hin. Dies ist sicher als Risikofaktor für die Entstehung eines Burnout zu werten.

Es bestätigte sich auch in dieser Studie, dass verstärkte berufliche Belastung mit erhöhter Symptombildung einhergeht. Signifikante Zusammenhänge zeigten sich zwischen der höheren beruflichen Belastung und folgenden anderen Beschwerdenbereichen:

- Belastungen/Beschwerden der eigenen Person/Selbst (Körper, Geist, Seele)
- Belastungen innerhalb des Freundeskreises
- Körperliche Beschwerden
- Kognitive Beschwerden
- Emotionale Beschwerden
- Soziale Überforderung
- Arbeitsunzufriedenheit
- Arbeitsüberforderung

- Mangelnde soziale Anerkennung
- Chronische Besorgnis

Wie man aus dieser Liste ersehen kann, bestehen zahlreiche signifikante Zusammenhänge zwischen beruflicher Belastung und psychosomatischer Gesundheit.

10.3.4 Differenzierung zwischen Burnout und Depression

Geuenich und Hagemann sind der Frage nachgegangen, inwiefern bei den Diagnosen zwischen Depression und Burnout unterschieden werden kann. Dies ist insofern von Bedeutung, als die Therapien sich unterscheiden: Bei einem Burnout liegt der Fokus der Behandlung auf einer Reduzierung der Stressbelastung vorwiegend im Beruf und einer Verbesserung der *Work-Life-Balance*. Eine medikamentöse Therapie ist nur zeitlich begrenzt zur Symptomlinderung z. B. einer Schlafstörung oder auch depressiver Verstimmungen indiziert. Bei der Depression ist die Behandlung mit einem Antidepressivum meist unverzichtbar.

Die hier aufgeführten Ergebnisse der Studie sind noch unveröffentlicht: Ziel der Studie war es, Unterschiede im Belastungsprofil von depressiven Patienten ohne Burnout (Diagnosegruppe 1) und depressiven Patienten mit der Zusatzdiagnose Burnout (Diagnosegruppe 2) zu erfassen. Die Studie fand im klinischen Kontext (d. h., es wurden ausschließlich Patienten einer psychosomatischen Klinik befragt) statt.

An der Untersuchung nahmen insgesamt 82 Probanden teil, von denen 50 Probanden zur Diagnosegruppe 1 und 32 Probanden zur Diagnosegruppe 2 zuzuordnen waren. Es nahmen 47 Frauen und 35 Männer an der Studie teil. Das durchschnittliche Alter in den Stichproben betrug 48 Jahre (Gruppe 1) bzw. 44 Jahre (Gruppe 2). Da die Befragung Teil der klinikinternen Eingangsdiagnostik war, lag die Rücklaufquote bei nahezu 100 %.

Die Patienten mit der Zusatzdiagnose Burnout haben höhere Werte hinsichtlich der Skalen

- Berufliche Belastungen (Mittelwert und v. a. Intensität)
- Zwanghaftigkeit, d. h. Genauigkeit, Kontrollbedürfnis, Perfektionismus etc.
- Arbeitsüberbelastung

Die Gruppe depressiver Patienten ohne Zusatzdiagnose Burnout erhielten hingegen höhere Werte in den Skalen

- Durchschnittliches Ausmaß (Mittelwert, Intensität und Breite) der Beschwerden auf der Ebene der eigenen Person/Selbst (Körper, Seele Geist)
- Belastungen innerhalb der Familie/Partnerschaft (Mittel- und Intensitätswert)
- Belastungen im Freundeskreis (Breitenwert)
- Körperliche Beschwerden (Breitenwert)
- Paranoides Denken (Misstrauen)
- Soziale Isolation
- Chronische Besorgnis

Die Gruppe der Patienten ohne Burnout berichtet demzufolge sogar über weniger Belastungen in 10 von 14 Skalen, in denen Unterschiede zwischen den Gruppen ermittelt wurden. Die Bereiche, in denen eine höhere Belastung bei Zusatzdiagnose eines Burnout vorliegt, konzentrieren sich auf den Beruf und dort vor allem auf die wahrgenommene Intensität der Belastungen.

Die Häufigkeit von Burnout bei Lehrern und die daraus folgenden Symptome stehen in keinem ausgeglichenen Verhältnis zu ihrer diagnostischen Erfassung.

Hirschmann[48] verweist auf die Erstdiagnosen von Lehrkräften in psychosomatischen Kliniken (Kuraufenthalte nach Hillert):

- 65 % Depression
- 9 % Angst
- 12 % somatoforme Störungen (z. B. Schmerzen)
- 7 % Essstörungen
- 18 % Tinnitus

In dieser Auflistung findet das Burnout keine Berücksichtigung, was vermutlich auch in der Tatsache begründet liegt, dass dieser nicht im ICD-10 *(international code of diagnosises)* abgebildet ist, nach dem die Diagnosen verschlüsselt werden. Außerdem differieren die Diagnosen zwischen einer Akutklinik und einer Kurklinik für psychosomatische Krankheiten. Psychophysische Erschöpfungszustände, wie sie im Burnout beobachtet werden, gehen so gut wie immer mit einer ängstlichen und depressiven Symptomatik einher.

10.4 Intensität der Symptome und spezifische Berufssituation

Aus den Studien zur Stressbelastung des Lehrers geht deutlich der Zusammenhang von Intensität der Symptombildung und spezifischer Berufssituation hervor. Dabei scheint insbesondere das Kollegium großen Einfluss auf die Beförderung bzw. Vermeidung seelischer Erkrankungen zu haben.

Wir sind der Frage nachgegangen, ob es einen Zusammenhang zwischen der Größe und dem Gesundheitszustand eines Kollegiums gibt. Die vorliegende Studie ist sicherlich zu klein, jedoch könnte sie anregen, in dieser Richtung weiter zu forschen. Da Lehrer sich insbesondere über Lärm und Klassengröße sowie Konfliktdichte beklagen, sind in kleineren Schulen mit einer intimeren privaten Atmosphäre und der Möglichkeit, sich die Schüler auszusuchen, die Rahmenbedingungen günstiger.

Die Studie an einem kleinen Gymnasium in kirchlicher Trägerschaft mit einem 36-köpfigen Kollegium legt den Schluss nahe, dass die Schulgröße sich positiv auf den Gesundheitszustand des Klassenkörpers auswirkt. Hier zeigte sich im BOSS-Inventar und im TICS von den 61 % der Lehrerinnen und Lehrer, die die Testbögen ausgefüllt haben, dass der Lehrkörper als gesund betrachtet werden darf. Es fanden sich in beiden Fragebögen bezogen auf die Gesamtgruppe unauffällige Werte.

Weitere Ergebnisse bezogen sich auf die innerbetriebliche Zufriedenheit auf einer Skala von 0 bis 10 mit der Gesundheitsfürsorge, der Kommunikation, den Strukturen sowie der Einschätzung zur Sicherheit des eigenen Arbeitsplatzes.

Die Ergebnisse zeigen eine Unzufriedenheit von nahezu der Hälfte der teilnehmenden Lehrer an.

Eine individuelle Betrachtung der Ergebnisse zeigt durchaus starke Belastungen der einzelnen Probanden auf. Die durchschnittliche Arbeitszeit der LehrerInnen beträgt bei über der Hälfte der Teilnehmer mehr als 45 Wochenstunden. Zukünftige Forschung zur weiteren Abklärung der subjektiv empfundenen sowie der objektiv bestehenden Belastungssituation des Lehrerberufs ist notwendig.

Es darf gefolgert werden, dass es bei aller Belastung und auch Unzufriedenheit in dieser vergleichsweise kleinen Schule gelingt, dass keine so gravierenden arbeitsplatzbedingten Gesundheitsschäden verursacht werden, wie sie Bauer in seiner Studie beschreibt. Es wäre sicherlich hochinteressant, dies weiter zu vertiefen. Ob zum Beispiel die Gemeinsamkeit in christlichen Werten bei dem kirchlichen Anstellungsträger eine Bedeutung hat; ob die Größe und Überschaubarkeit des Lehrkörpers jedem einzelnen Lehrer und jeder einzelnen Lehrerin ein gut abgesichertes Gefühl der Zugehörigkeit und Solidarisierung untereinander gibt; ob das Ausmaß an destruktivem aggressiven Verhalten der Schüler geringer ist; ob gegebenenfalls früher pädagogisch interveniert werden und sich deswegen keine explosive Gesamtsituation aufbauen kann.

Abschließend scheint ein internationaler Vergleich interessant: Es wurden die Ergebnisse einer Studie, durchgeführt mit dem *Maslach-Burnout-Inventory* (MBI) zur Messung der Burnout-Gefährdung,[49] von insgesamt 542 deutschen und chinesischen Lehrern verglichen. Es zeigten sich nur minimale Unterschiede der Ergebnisse in Deutschland und in Hongkong.

Während eines Lehrerkongresses in Wien 2006, an dem ich persönlich teilnehmen konnte, wurde einvernehmlich von allen Referenten deutlich gemacht, dass die Burnout-Belastung dieser Berufsgruppe in beiden Ländern vergleichbar hoch ist. Für alle drei Länder – Österreich, Deutschland und China – kann bei aller Unterschiedlichkeit in den Ursachen und Entwicklungen ein nicht unerheblicher gesellschaftlicher Umbruch beschrieben werden.

10.5 Schlussfolgerungen zur Verbesserung der Arbeitsbedingungen für Lehrer

Abhängig von der eigenen Sichtweise und den Zielsetzungen eigener Untersuchungen ergeben sich verschiedene Konklusionen. Allen ist jedoch gemeinsam, dass auf PISA und andere internationale Schulvergleiche anders reagiert werden muss, als es die erfolgten Reformen erkennen lassen. Letztlich rücken bei allen Vorschlägen die Leistungserbringer, die Lehrer, in den Fokus der Aufmerksamkeit.

Unter vier Aspekten fasst Uwe Schaarschmitt[50] die aus seiner Sicht wichtigsten Schlussfolgerungen mehrerer Studien zur gesundheitlichen Belastung von Lehrern zusammen:

1. Einflussnahme auf die Rahmenbedingungen des Lehrerberufes:
- Erziehung als gesamtgesellschaftliche Aufgabe verstehen
- Verjüngung der Lehrerschaft
- Abbau von Bürokratisierung und «Verrechtlichung»
- Weniger Kampagnen, mehr Ruhe und Kontinuität
- Kleinere Klassen
- Möglichkeiten zum beruflichen Umstieg

2. Gestaltung der Arbeitsbedingungen vor Ort
- Klima der Offenheit und gegenseitigen Unterstützung
- Gemeinsamkeit in den Normen und Zielen der schulischen Arbeit
- Psychohygiene im Schulalltag

3. Personenbezogene Maßnahmen
- Kompetenzentwicklung
- Effektive Arbeitsorganisation
- Entspannen und Kompensieren
- Realistische Ansprüche und Erwartungen
- Emotionale Stabilisierung

4. Qualifizierung der Nachwuchsentwicklung
- Realismus in der Berufsentwicklung
- Beachten der persönlichen Voraussetzungen
- Förderung der Handlungskompetenzen

11. Schlusswort

Wirksame Prävention gegen Burnout beginnt mit dem Schutz der geistig-körperlichen Gesundheit und der emotionalen Intelligenz. Dafür ist es notwendig, die Selbstachtsamkeit und die Selbstfürsorge des Einzelnen zu stärken. Einem Lehrkörper, der durch zu viel Krankheit geschwächt ist, kann man keine Höchstleistungen abverlangen.

Dies zu erreichen liegt in der Verantwortung jedes einzelnen Lehrers, der Schulleitung wie auch des gesamten Schul- und des Gesellschaftssystems. Das Ziel besteht darin, ausreichend Leistungsfähigkeit für die anstehenden Herausforderungen zu erwerben, politisch geforderte Reformen und die in diesem Zusammenhang erkannten Verbesserungen engagierter im Team nach vorne zu tragen, um den pädagogischen Aufgaben besser gewachsen zu sein. Eine zielführende Personalentwicklung bedeutet im pädagogischen Kontext und für Führungsverantwortliche immer auch Persönlichkeitsentwicklung. Sie muss zum substantiellen Bestandteil sowohl des beruflichen Selbstverständnisses jedes Einzelnen als auch der Verantwortungsträger in Schule und Politik werden. Freiräume für die Selbstaktualisierung jedes Lehrers sowie ein achtsam und kontinuierlich begleiteter Teamprozess mit guter Kommunikation und Konfliktfähigkeit untereinander fördern die Gesundheitsbelastbarkeit des Einzelnen im Arbeitsumfeld. Jeder Sportler weiß, dass er täglich trainieren muss, will er konkurrenzfähig bleiben. Während derzeit der Fokus auf die Initiierung von Reformen unter dem Blickwinkel von vergleichbaren Leistungsergebnissen gelegt wird, werden in Zukunft wieder mehr die *soft skills*, das pädagogische Arbeiten und ausreichend Zeit für die Umsetzung von Reformen, in den Mittelpunkt rücken müssen. Denn ohne gesunde Leistungsträger im System geht es nicht!

Die *Work-Life-Balance* vieler, insbesondere älterer Lehrer ist aus den Fugen geraten. Ihr Lebenskonzept müssen sie den Innovationen anpassen. Die Politik wiederum sollte die Motive für die Berufswahl der Lehrer und ihr Sicherheitsbedürfnis berücksichtigen und die darin begründeten Chancen nutzen. Wenn die Ganztagsschule, für die sicherlich vieles spricht, eingeführt wird, sollten für die Lehrer ausreichend räumliche wie auch zeitliche Rückzugsmöglichkeiten geschaffen werden, um sich entspannen sowie Unterrichtsvor- und -nachbereitung während ihrer Anwesenheit in der Schule erledigen zu können, damit sie nicht weiterhin über Gebühr zeitlich gefordert sind und sich dem Familienleben sowie ihren privaten sozialen Kontakten als wesentliche emotionale Ressourcen widmen können.

Maßnahmen, die sich bei der Behandlung von Stresserkrankungen bewährten, haben zur Geburt von LISA geführt, unserer *l*ösungsorientierten *i*ntegrativ-*s*ystemischen *A*rbeitsmethode, die wir in unserer Akademie realisieren (www.roeher-parkklinik.de). Ohne permanente Auseinandersetzung jedes Einzelnen mit sich selbst, mit seinem Selbstverständnis in der sich ständig wandelnden schulpolitischen Landschaft und ohne die lebhaft geführte, offene Diskussion im Team darüber, was vor Ort umsetzbar ist und wie man gemeinsam das als richtig erkannte Ziel erreichen kann, lahmt der Lehrkörper. Die Leitung vor allem der großen Schulen erfordert ein modernes systemisches Organisationsmanagement sowie emotional kompetente Personalführung und -entwicklung.

Anmerkungen

1 Quelle: Weber, A., Weltle, D., und P. Lederer/Institut für Arbeitsmedizin, Universität Erlangen (2001): Prospektive Erfassung aller Dienstunfähigkeitsbegutachtungen von Lehrern im Freistaat Bayern vom 1.1.1996 bis 1999.
2 Hirschmann, N. (2006): Gesundheit von Lehrern. Artikel für den Landesverband Bayerischer Schulpsychologen.
3 Hirschmann, N.: ebd.
4 Bauer, J., Stamm, A., Virnich, K., Wissing, K., Müller, U., Wirsching, M., Schaarschmidt, U. (2006): Correlation between burnout syndrom and psychological und psychosomatic symptom among teachers. Int Arch Occup Environ Health 79: 1999–2004.
5 Lederer, P., Weltle, D., Weber, A. (2001): Illness-related premature unfitness for work among civil servants in Bavaria – an evaluation in the social medical field. Gesundheitswesen 63 (8–9): 509–513. Weber, A., Weltle, D., Lederer, P. (2002): Zur Problematik krankheitsbedingter Frühpensionierungen von Gymnasiallehrkräften. Versicherungsmedizin 54: 75–83.
6 Joeres, A: Der geteilte Himmel – Tausend Schulleiter fehlen/kaum Bewerber, in: Frankfurter Rundschau 64. Jahrgang Nr. 83 vom 9.4.2008, S. 12 f.
7 Becker, P. (2006): *Gesundheit durch Bedürfnisbefriedigung*. Göttingen: Hogrefe, S. 79.
8 Rudow, W. (1994): *Die Arbeit des Lehrers*. Bern: Huber; Schaarschmidt, U., Fischer, A. W. (2001): *Bewältigungsmuster im Beruf*. Göttingen: Vandenhoek & Ruprecht.
9 Bauer, J. (2006): *Warum ich fühle, was du fühlst*. München: Heyne.
10 Michael Balint war ein ungarischer Arzt, der viel in England praktizierte. Nach ihm sind Gruppen benannt, in welchen Ärzte oder Lehrer eine schwierige Beziehung zu einem Patienten bzw. Schüler beschreiben.
11 Becker, P. (2006): *Gesundheit durch Bedürfnisbefriedigung*. Göttingen: Hogrefe.
12 Freundenberger, H. J. (1974): Staff burnout. IJS 30: 159–164.
13 Syndrom kommt aus dem Griechischen und bedeutet: Zusammenlaufen, Zusammenkommen von vielen Einzelsymptomen. Die Diagnose-

statistiken sind vielfach symptomorientiert, zumindest wenn es für ein Symptom einen Untersuchungs- und Behandlungsansatz gibt. Es vergehen meist nur wenige Sekunden, die ein Patient dem Arzt frei berichten kann, ehe er nicht schon unterbrochen wird, der Arzt verführt ist, einem einzelnen genannten Symptom verstärkte Aufmerksamkeit zu widmen. Dies dürfte zu einer deutlichen Unterschätzung der Häufigkeit des Burnout-Syndroms führen.
14 Schmitz, G. S. (2007): *Was ich will, das kann ich auch. Selbstwirksamkeit – Schlüssel für gute Entwicklung*. Freiburg: Herder Spektrum.
15 Schmitz, G. S., Schwarzer, R.: Individuelle und kollektive Selbstwirksamkeitserwartung von Lehrern. Zeitschrift für Pädagogik: 44 Beiheft: Selbstwirksamkeit und Motivationsprozesse in Bildungsinstitutionen, S. 192–214.
16 Grawe, K. (2004): *Neuropsychotherapie*. Göttingen: Hogrefe, S. 20.
17 Meschkutat, B., Stackelbeck, M., Langenhoff, G. (2002): *Der Mobbing-Report – Repräsentativstudie für die Bundesrepublik Deutschland*. Schriftreihe der Bundesanstalt für Arbeitsschutz und Arbeitsmedizin, Dortmund/Berlin/Dresden.
18 Meschkutat, B., Stackelbeck, M., Langenhoff, G. (2002): ebd., S. 24.
19 Meschkutat, B., Stackelbeck, M., Langenhoff, G. (2002): «Aktuell werden 3,5 % der erwerbstätigen Frauen gegenüber 2,0 % der erwerbstätigen Männer gemobbt. ... Unter 1000 aktuellen Fällen befinden sich 58 Frauen und 42 Männer», ebd., S. 26.
20 Meschkutat, B., Stackelbeck, M., Langenhoff, G. (2002): ebd., S. 39.
21 Leymann, H. (1993): *Mobbing – Psychoterror am Arbeitsplatz und wie man sich dagegen wehren kann*. Reinbek bei Hamburg: Rowohlt-Verlag.
22 Aus: Focus-TV. Hintergrundinformationen zu vergangenen Sendungen, zur Sendung vom 27. Juli 1997.
23 Die Familienaufstellung wurde von mir in vieljähriger Arbeit zur integrativen Systemaufstellung weiterentwickelt. Der betroffene Patient formuliert zunächst seine Frage, die er mit Hilfe der anderen beantworten möchte. Dann bittet er Gruppenteilnehmer, Mitglieder seiner Familie und gegebenenfalls der Berufswelt und des Freundeskreises zu repräsentieren. Auch Begriffe wie Lebensfreude, Trauer und Freude, Geld, Krankheit etc. werden von Gruppenmitgliedern repräsentiert, wenn es die Situation erfordert. Das Spannungsfeld, das sich zwischen Beruf und Privatleben, eigenen Bedürfnissen und Ansprüchen aus den unterschiedlichen Interaktionsräumen aufbaut, wird veranschaulicht. Im Burnout steht die Arbeit oftmals näher als Angehörige oder sie steht zwischen dem Betroffenen und der Lebensfreude oder den eige-

nen Kindern. Emotionen stehen ganz weit außerhalb. Ein Buch hierzu ist in Vorbereitung.
24 Eine ausführliche Beschreibung unseres Behandlungsprogramms bei Traumafolgestörungen können Sie aus dem Internet herunterladen: www.roeher-parkklinik.de.
25 Strobel, W., und G. Huppmann (1978): *Musiktherapie. Grundlagen, Formen, Möglichkeiten.* Göttingen: Hogrefe.
26 Wolfgang Strobel, Sabine Rittner u. a. haben in jahrelanger klinischer Arbeit und in Selbsterfahrungs- und Weiterbildungsgruppen die Kraft und Wirkung archetypischer Klänge und Rhythmen erforscht. Die klanggeleitete Trance ist ein «veränderter Bewusstseinszustand», in welchem Inhalte aus sehr tiefen Bewusstseinsschichten offenbar werden können, in der aber gleichzeitig ein guter und sicherer Kontakt zur äußeren Realität (und zum begleitenden Therapeuten) erhalten bleibt. Das Erleben in dieser Trance, die auftauchende Figur, ist so auch gut in den zugehörenden Erlebnis- und Gefühlshintergrund integrierbar. Strobel, W. (1999): Klanggeleitete Trance, musiktherapeutische Fallsupervision und andere Beiträge. In: *Reader Musiktherapie.* Wiesbaden: Dr. Ludwig Reichert-Verlag, S. 99 f.
27 Auffällig ist das Bild, das sich in den Erzählungen von W. über die Familie zeichnet. Ein ganz «archaisches», rigides, nach außen abgeschottetes «Clansystem», in dem alles Fremde als Bedrohung erlebt wird und gegenüber dem es eine zwingende «Sippensolidarität» gibt. Auch im Wertesystem spiegelt sich diese «Angst vor dem Fremden» wider: Das, was nicht in dieses System passt, nicht dazugehört, wird präventiv abgewertet. Dem entgegen stehen die Verstrickungen und ständigen Grenzüberschreitungen innerhalb der Familie, die in immer wieder auftretenden Gewaltausbrüchen einzelner Mitglieder eskalieren. Die Parallele zur absolut zerstörerischen Dynamik von «Fremdenangst und -hass» – Grundlage des Nationalsozialismus – und die SS-Mitgliedschaft des Großvaters drängt sich auf. Vgl. auch Heitmeyer, W. (1992): Rechtsextremistisch motivierte Gewalt und Eskalation. In: *Jugend – Staat – Gewalt.* Weinheim/München: Juventa-Verlag.
28 In der pränatalen Seinsweise verstärken sich der Pol der ambivalenten Grunderfahrung des Drin-Seins (Schutz – Bedrohung) und die Schwingungsqualität der Umwelt (Familie, soziales Milieu, Gesellschaft, Kultur). Vgl. Renz, M. (1996): *Zwischen Urangst und Urvertrauen. Therapie früher Störungen über Musik-, Symbol- und spirituelle Erfahrungen.* Paderborn: Junfermann-Verlag, S. 131 ff.
29 Hagemann, W., und Geuenich, K. (2009): *Burnout Screening Skalen.* Göttingen: Hogrefe.

30 Das Maslach Burnout Inventory (MBI) wurde 1981 von Christina Maslach und Susan E. Jackson entwickelt und ist das bis heute gängigste Messinstrument zur Erfassung des Burnout-Syndroms. Mithilfe von 22 Fragen werden drei Dimensionen des Burnout-Syndroms erfasst: emotionale Erschöpfung, Depersonalisation und reduzierte persönliche Leistungsfähigkeit.
31 Hier finden Sie eine reduzierte Fassung, die wissenschaftlich nicht validiert ist. Dies gilt auch für den BOSS-II-Test. Die vollständigen Fragebögen einschließlich Auswertungsanleitung sind beim Hogrefe-Verlag erhältlich.
32 Sie finden hier eine reduzierte Fassung. Der vollständige Fragebogen wird derzeit noch wissenschaftlich von K. Geuenich validiert.
33 Auch hierbei handelt es sich um eine verkürzte Fassung. Die ausführliche Form wird noch wissenschaftlich weiter abgesichert und später veröffentlicht werden.
34 Schaarschmidt, U. (2002): Psychische Belastung im Lehrerberuf. In dieser Darstellung fasst der Autor die Ergebnisse mehrerer Studien zusammen, die im Auftrag und mit Unterstützung des Deutschen Beamtenbundes durchgeführt wurden. Im abschließenden Kapitel (10) werden Saarschmidts Schlussfolgerungen ausführlich zitiert.
35 Bauer, J., Unterbrink, Th., Hack, A., Pfeifer, R., Buhl-Grieshaber, R., Müller, U. Wesche, H., Frommhold, M., Seibt, R., Scheuch, K., Wirsching, M. (2007): Working additions, advers events and mental health problems in a sample of 946 german teachers. Int Arch Occup Environ Health 80: 442–449.
36 Ebd., S. 10.
37 Schepker, R. (2008): Jugendgewalt und -kriminalität: Nicht wegschauen, sondern handeln. Deutsches Ärzteblatt, Jg. 105, Heft 16, S. A 836 f.
38 Literatur zu dem Artikel von R. Schepker unter www.aerzteblatt.de/lit 1608.
39 Kretschmann, R.: Belastungen am Arbeitsplatz Schule. Vortrag zur 8. Arbeitsschutzkonferenz des DGB in Bremen.
40 Schönwälder, H. G. (2001): *Die Arbeitslast der Lehrerinnen und Lehrer*. Essen: Neue Deutsche Schule Verlagsgesellschaft.
41 Siehe Anm. 34.
42 Bauer, J., Stamm, A., Virnich, K., Wissing, K., Müller, U., Wirsching, M., Schaarschmidt, U. (2006): Correlation between burnout syndrom and psychological und psychosomatic symptom among teachers. Int Arch Occup Environ Health 79: 199–2004.
43 Hagemann, W., Nienhaus, K.: Die Lehrerstudie zu Stress und Gesundheit wurde in Die Kaufmännische Schule (März/April 2007) veröffent-

licht. Den kompletten Artikel kann der Interessierte in der Röher Parkklinik anfordern.
44 Hillert, A., und E. Schmitz (2004): Psychosomatische Erkrankungen bei Lehrerinnen und Lehrern. Stuttgart, Schattauer.
45 Dlugosch, G. E.: Wer Schulqualität fordert, muss LehrerInnengesundheit fördern. Vortrag vom 28.11.2006 beim Landratsamt Heilbronn.
46 Becker, P. (2006): Die Bedeutung von Persönlichkeitseigenschaften und chronischem Stress aufgrund eines Mangels an Bedürfnisbefriedigung für gesundheitliche Beeinträchtigungen von Lehrern. Psychologie in Erziehung und Unterricht, 53, München/Basel: Ernst Reinhardt Verlag, S. 81–96.
47 Franke, G. H. (2002): *Symptomcheckliste von L. R. Derogatis* – Deutsche Version, 2. Auflage. Göttingen: Beltz Test GmbH.
48 Hirschmann, N., a. a. O.
49 Schwarzer, R., Schmitz, G. S., Tang, C. (2000): Teacher burnout in Hongkong and Germany: a cross-cultural validation of the MBI. Anxiety, Stress and Coping 13: 309–326.
50 Siehe Anm. 34.

Aus dem Verlagsprogramm

Psychologie und Lebenspraxis bei C. H. Beck

Britta Bannenberg/Dieter Rössner
Erfolgreich gegen Gewalt in Kindergärten und Schule
Ein Ratgeber
2006. 199 Seiten mit 3 Abbildungen. Paperback
(Beck'sche Reihe Band 1699)

Brigitta Bondy
Wenn die Depression das Herz bricht
Seelische Störungen und Herz-Kreislauf-Erkrankungen
2008. 128 Seiten. Paperback
(Beck'sche Reihe Band 1854)

Ralf Brinkmann/Kurt H. Stapf
Innere Kündigung
Wenn der Job zur Fassade wird
2005. 253 Seiten mit 18 Abbildungen. Broschiert

Ingeborg Hedderich
Burnout
Ursachen, Formen, Auswege
2009. 111 Seiten mit 9 Tabellen. Paperback
(C. H. Beck Wissen in der Beck'schen Reihe Band 2465)

Ulrich Hegerl/David Althaus/Holger Reiners
Das Rätsel Depression
Eine Krankheit wird entschlüsselt
2. Auflage. 2006. 254 Seiten mit 28 Abbildungen und 8 Tabellen
Broschiert

Andreas Hillert/Michael Marwitz
Die Burnout-Epidemie
oder Brennt die Leistungsgesellschaft aus?
2006. 336 Seiten mit 6 Abbildungen und 8 Tabellen. Broschiert

Verlag C. H. Beck

Die 101 wichtigsten Fragen in der Beck'schen Reihe

Wolfgang Benz
Die 101 wichtigsten Fragen: Das Dritte Reich
2006. 144 Seiten. Paperback
(Beck'sche Reihe Band 1701)

Johann Hinrich Claussen
Die 101 wichtigsten Fragen: Christentum
3. Auflage. 2008. 150 Seiten mit 12 Abbildungen. Paperback
(Beck'sche Reihe Band 1676)

Gert-Ludwig Ingold/Astrid Lambrecht
Die 101 wichtigsten Fragen: Moderne Physik
2008. 158 Seiten mit 45 Abbildungen. Paperback
(Beck'sche Reihe Band 1794)

Susanna Partsch
Die 101 wichtigsten Fragen: Moderne Kunst
3. Auflage. 2008. 160 Seiten mit 21 Abbildungen. Paperback
(Beck'sche Reihe Band 1609)

Gero von Wilpert
Die 101 wichtigsten Fragen: Goethe
2007. 166 Seiten mit 11 Abbildungen. Paperback
(Beck'sche Reihe Band 1754)

Herwig Wolfram
Die 101 wichtigsten Fragen: Germanen
2006. 158 Seiten mit 41 Abbildungen. Paperback
(Beck'sche Reihe Band 1867)

Verlag C. H. Beck